FRA NIELSEN TIL JYDSTRUP

Beretningen om tre brødre Nielsens udvandring til Amerika

Pia Viscor

FRA NIELSEN TIL JYDSTRUP

Beretningen om tre brødre Nielsens udvandring til Amerika

FRA NIELSEN TIL JYDSTRUP
Beretningen om tre brødre Nielsens udvandring til
Amerika
Pia Viscor

Bogen er udgivet med støtte fra:
Lokalhistorisk Forening for Jystrup og Valsølille

Omslagsbilleder:
Udsnit af *Jydstrup Sogn, Ringsted Herred, Sorø Amt.
Sognekort gældende fra 1814.* Kilde: http:// hkpn.gst.
dk/mapviewer.asp?type=sosgnekort&id
=521&elav=null.
Peterson, E. Frank. *Map of Grant County, South Dako-
ta*: Compiled and drawn from a special survey and
official records. Vermillion, S.C.: Frank Peterson,
1899. Map. Kilde: www.loc.gov/item/20122593115/.

Layout og design: Pia Viscor

© 2020 Viscor, Pia
Forlag: BoD – Books on Demand, København,
Danmark
Tryk: BoD – Books on Demand, Norderstedt,
Tyskland

ISBN: 9788743014997

Indhold

Forord

I 1990 bankede det på døren hos daværende sognepræst Ib Aagard Eriksen i Jystrup præstegård. Udenfor stod en amerikansk kvinde, Carolyn Jydstrup, som var kommet til landsbyen for at finde sine danske rødder, og i håb om, at præsten kunne hjælpe, opsøgte hun ham. Han sendte kvinden videre til Jystrups mr. Lokalhistorie, Aage Bagger.

Efter en nærmere undersøgelse på grundlag af Carolyns Jydstrups viden om sin udvandrede tipoldefar, modtog hun et brev fra Aage Bagger med endnu flere oplysninger om sine danske forfædre. Bl.a. kunne han fortælle, at hun var efterkommer af Niels Nielsen, som i 1884 udvandrede til South Dakota sammen med sin kone Kirsten Madsdatter og deres syv børn.

Fem år efter Carolyn Jydstrups besøg sad en ung pige fra Jystrup i flyveren fra USA til Danmark. Ved siden af hende sad en amerikansk mand, som hun hurtigt kom i snak med. De kom ind på, hvor hun kom fra, og da hun fortalte, at hun var født og opvokset i den lille midtsjællandske landsby Jystrup, viste et stort smil sig på mandens ansigt. *Det sted kender jeg godt, for der kom min danske familie fra – ja, flere*

Figur 1. Carolyn Jydstrup på besøg i Jystrup i 1990.
Foto: Privat eje.

af mine udvandrede danske slægtning tog sågar navnet Jydstrup efter deres fødeby. Noget i den retning lød ordene fra den unge piges sidemand i flyveren.

Ron Nelson, som manden hed, kunne fortælle, at han var efterkommer af Peder Nielsen, som i 1874 kom til Minnesota med sin kone og børn.

Peder Nielsen var bror til Jens og Niels. De kom fra et husmandssted i Hellehuse, også kaldet Ny Jystrup, hvor de voksede op sammen med deres fire andre søskende, og hvorfra de udvandrede.

Oplysninger fra Carolyn Jydstrup og Ron Nelson samt fra efterkommere af de tre udvandrede brødre suppleret med data fra andre kilder har gjort det muligt at sammenstykke en samlet beretning om de tre Nielsen-brødre samt deres ægtefæller og børns liv her i Danmark, om deres udvandring og om deres nye tilværelse i det fremmede.

Jeg skylder stor tak til alle i de amerikanske Jydstrup- og Nelson-slægter, som har bidraget med billeder og oplysninger om deres familier og slægtninge.

Desuden takker jeg Lokalhistorisk Forening for Jystrup og Valsølille for økonomisk tilskud til bogens udgivelse.

1. Indledning

Op gennem den sidste halvdel af 1800-tallet så fremtiden for danske husmandsfamilier og især deres børn ikke lyse ud. Befolkningstallet i Danmark steg, hvilket førte til et øget pres især på landbefolkningen, som i håb om en bedre tilværelse i stort tal flygtede til byerne. Mange gik det godt, men andre fandt sig ikke til rette, og så var næste skridt at udvandre til Amerika, hvor der efter sigende var uanede muligheder.

Forholdene på Skjoldenæsholm Gods afveg ikke fra de overordnede danske. Arbejde på godset var svært at finde, og der var tillige stor utryghed, da godsejeren bl.a. vægrede sig ved at forny fæstebreve på hans ejendomme. Arvefæstebreve sikrede jo i hvert fald, at mindst et barn i næste generation kunne blive på ejendommen, men hvordan skulle det gå resten af familiens børn? Fremtiden for især de unge på godset var usikker.

Fra 1848 til 1900 udvandrede knap 500 personer fra Skjoldenæsholm Gods til Amerika. Blandt disse var de tre brødre Nielsen – Jens, Peder og Niels – som denne bog handler om.

Jens Nielsens søn, Jens Peter Jensen, forlod i 1873 sin hjemegn som den første i hele Nielsen-familie. Han rejste til Amerika. Han kom hurtigt efter hjem igen for at hente sine forældre og to yngre søskende. Hele familien Jens Nielsen udvandrede i 1874. Året efter kom Peder Nielsen over til sin storebror sammen med sin familie, og ni år senere rejste den sidste bror, Niels Nielsen, til Amerika med sin familie.

Efter ankomsten til Amerika tog alle i Jens og Niels Nielsens familier navn efter deres hjemby. De kaldte sig *Jydstrup* – med *d* efter datidens stavemåde. Peder Nielsens familie beholdt Nielsen-navnet i den amerikaniserede form Nelson.

Beretningen om familien Nielsen/Jydstrup er et eksempel på, hvordan tre husmandssønner finder forholdene i Danmark så udsigtsløse, at de tager den store beslutning om i en moden alder at udvandre til Amerika med hele familien. Gennem bogen følges familierne fra deres fødested i Hellehuse ved Jystrup, over Atlanten og til deres nye tilværelse i Amerika, og der gives en vurdering af, hvad de opnåede ved at emigrere.

På det personlige plan er historien om de tre brødre Nielsen og deres familiers liv en mosaik af bl.a. had og kærlighed, svigt og troskab, afmagt og lykke.

Oplysningerne i denne bog er en del af et større projekt, hvor hele udvandringen fra Skjoldenæsholm Gods analyseres. Der refereres ikke løbende til data og informationer, som stammer fra dette projekt, hvis arbejdstitel er *Fra Midtsjælland til Mid West*.

Grundene til, at jeg har valgt at udgive en særskilt publikation om de tre brødre, er mange. Det indsamlede materiale om disse tre udvandrere og deres familier er så mangfoldigt og detaljeret, at det ikke hører hjemme i en mere generel udgivelse om udvandringen fra Skjoldenæsholm Gods. Desuden eksemplificerer udvandringen af de tre brødre på fornemste vis en række generelle træk og traditioner i den samlede danske udvandring såsom udvandring fra landdistrikter, familie- og bekendtskabsrelateret kædeudvandring samt pull og push effekten, hvilket vil sige de kræfter, der enten trak eller skubbede folk af sted over Atlanten.

Enhver dansk udvandrer kan ses som led i den samlede udvandring fra Danmark, men alle emigranterne – på nær børnene – havde deres helt personlige grunde til at bryde op og starte forfra i det fremmede.

I denne beretning har det således været muligt for hver af de tre brødres vedkommende at komme med kvalificerede bud på, hvorfor netop de valgte at emigrere.

En ikke uvæsentlig, generel grund til at udvandre var muligheden for at skabe sig selv og især sine børn en bedre tilværelse i Amerika. Bogen fortæller detaljeret om de tre brødres liv i de nye omgivelser, og om hvad de tre brødre og deres hustruer vandt ved at emigrere. Om var det rejsen værd. Men ikke mindst giver bogen en vurdering af, hvad deres børn opnåede ved at blive påtvunget et opbrud fra de kendte omgivelser.

Når nu en udvandring fra Danmark til Amerika i de potentielle emigranters øjne kunne løse så mange problemer, så kan man spørge sig selv om, hvorfor ikke flere danskere udvandrede til Amerika. Bogen fortæller derfor også om de søskende i Nielsen-familien, som ikke valgte eller fik mulighed for at emigrere.

1.1. Læsevejledning

Nielsen-Jydstrup familierne bestod af mange personer. Bag i bogen er der som bilag bragt en slægtstavle, så læseren kan orientere sig om de enkelte familiemedlemmers relationer til hinanden. Endvidere er der hen gennem teksten anført et tal med sænket skrift efter hvert navn. Tallet refererer til personens nummer i slægtstavlen.

Når de udvandrede familiemedlemmer omtales hen gennem teksten, nævnes de kun med fornavn, medmindre dette kan blive årsag til misforståelser.

De tre brødre med familier havde forskellige destinationer for deres udvandringsrejse, og senere i deres amerikanske liv flyttede mange af dem rundt mellem forskellige stater.

Da det kan være vanskeligt for en dansk læser at orientere sig i den amerikanske geografi, er der, hvor det giver mening, indsat kort, som viser, i hvilke stater og i hvilke lokalsamfund de forskellige familiemedlemmer bosatte sig.

1.2. Amerikanske forhold

En del forhold i USA er væsentlig forskellige fra de danske. Derfor gives nedenfor en indledende forklaring på amerikanske forhold, der hen gennem bogen omtales, og som den almindelige danske læser muligvis ikke har kendskab til.

1.2.1. Amerikanske stednavnebenævnelser

I USA er det normalt at angive en lokalitet med stedets lokalnavn efterfulgt af countiets navn og dernæst statens navn i forkortelse. Denne amerikanske måde at benævne en lokalitet på er fulgt hen gennem bogens tekst og i den efterfølgende slægtstavle. Bag i bogen findes en liste med forkortelser for de stater, som nævnes i bogen.

1.2.2. Counties, townships og sections

Ligesom i Danmark er USA inddelt i lokale, administrative enheder. Hver amerikansk stat er inddelt i såkaldte *counties*. For den geografiske forståelses skyld, og hvor det synes meningsfyldt, er der i de enkelte afsnit bragt kort over de counties, hvor familiemedlemmerne var bosat. På disse kort er deres bosættelser markeret med cirkler.

Hvert county er inddelt i *townships* normalt i størrelsesordenen 6 kvadratmiles, og hvert township er igen underafdelt i såkaldte *sections*. Antallet af sektioner er generelt 36 hver med en størrelse på omkring 640 acres svarende til fire hele homesteads.

Sektionerne er nummererede efter et bestemt mønster. Nummer 1 ligger i det nordøstligste hjørne og nummer 36 i det sydøstligste. Kort 1.1 viser, efter hvilket mønster nummereringen foretages.

6	5	4	3	2	1
7	8	9	10	11	12
18	17	16	15	14	13
19	20	21	22	23	24
30	29	28	27	26	25
31	32	33	34	35	36

Kort 1.1. Kortet viser den typiske nummerering af et townships sektioner. Kilde: legallandconverter.com.

1.2.3. Homestead-loven af 1862

Den 20. maj 1862 blev den såkaldte *Homestead Act* vedtaget. Hensigten med loven var at animere folk til at opdyrke den jord, som ellers bare lå hen. Samtidig var loven også en spore til at få flere indvandrere. Tilbud om fri jord lokkede mange til Amerika. Jorden, som blev udlagt til homesteads, var statsejet og som regel ikke opdyrket.

Loven gav mulighed for at ansøge om et *homestead*, som var et mere eller mindre uopdyrket jordstykke på 160 acres for et helt homestead, men man kunne også ansøge om mindre f.eks. et halvt eller et kvart.

Man skulle dog opfylde visse kriterier. Ansøgeren skulle være amerikansk statsborger eller have underskrevet en såkaldt *declaration of intent*, hvor man skrev under på, at man havde *til hensigt* senere at blive amerikansk statsborger. Ansøgeren skulle være fyldt 21 år, og man skulle være *head* i sin husstand. Det betød, at for gifte personer var det manden, som var ansøger. Hvis man var ugift, gav det sig selv, at man var head i sin egen husstand. Og endelig skulle man betale et mindre gebyr til myndighederne.

Men der var mange forpligtelser, som skulle opfyldes, før man fik sit homestead overdraget som eje. Man skulle i en ubrudt årrække på fem år bo der. Der skulle bygges bolig og nødvendige udbygninger til gårdens drift, og man skulle bryde den jomfruelige jord og tage den ind til dyrkning.

Når de fem år var gået, blev det vurderet, om man havde opfyldt sine forpligtelser, og havde man det, fik man skøde på gården med tilhørende jord.

1.3. Kildehenvisninger

Baggrundsmaterialet til bogen hviler i stor udstrækning på de gængse genealogiske hovedkilder, hvilket vil sige danske kirkebøger, folketællinger og lægdsruller samt amerikanske folketællinger. Oplysninger fra disse bliver ikke kildehenvist hen gennem bogens tekst.

2. En husmandsfamilie i Hellehuse

I 1790 blev et areal nord for Jystrup landsby udstykket til en række husmandsbrug på hver omkring 3½ tdr. land[1]. Bebyggelsen blev kaldt *Hellehuse* eller *Ny Jydstrup*. Igennem bogen her benyttes navnet *Hellehuse*.

Et af husmandsstederne blev fæstet til Rasmus Pedersen, som ved siden af sit husmandssted ernærede sig som hugger. Den 9. august 1801 giftede han sig med Anne Jørgensdatter, og tre måneder efter nedkom hun med datteren Johanne.

Også Johanne kom galt af sted. I 1822 giftede hun sig med Niels Nielsen$_1$ fra Haraldsted, og vielsen af de unge fandt sted to dage efter, at hun var nedkommet med en søn, Jens$_2$.

De nygifte lejede sig ind i et hus i Haraldsted sogn, indtil det i 1830 lykkedes dem at erhverve et husmandsfæste i Hellehuse. I efteråret dette år rykkede de sammen med deres tre børn Jens$_2$, Ane Kirstine$_{1,ii}$ og Christen$_{1,iii}$ ind på matrikel nr. 34, så de kom til at bo med hendes forældre som genboer.

I de efterfølgende 12 år forøgedes familien med fire børn, nemlig Ane Marie$_3$, Rasmus$_{1,v}$, Niels$_4$ og Peder$_5$. Livet som husmand på Skjoldenæsholm var et hårdt slid. Den lille jordlod til husmandsstedet gav ikke nok til, at en familie med så mange munde at mætte kunne klare sig uden indtægter udefra. Niels tjente da også lidt som træskomand, og formentlig har han også haft en lille indtægt som daglejer på godset, ligesom andre husmænd på godset havde.

2.1. Niels Nielsen$_1$ og Johanne Rasmussens børn

Tre af Niels Nielsen og Johanne Rasmussens syv børn udvandrede. Det var et helt almindeligt mønster at se rejsefeberen brede sig blandt en børneflok. I familien Nielsen som i mange andre familier fra Skjoldenæsholm foregik udvandringen i familierne etapevis – en søskende udvandrer og trækker andre søskende med sig.

Hvis man ikke har kilder såsom breve og erindringer, der helt entydig fortæller, hvorfor folk udvandrede, så kan man i mange tilfælde gennem studier af deres livshistorier før udvandringen få svar på spørgsmålet. Nedenfor berettes om de udvandrede brødres livsforløb og livsforhold op til udvandringen, men nok så interessant er det at give svar på, hvorfor nogle i en søskendeflok udvandrede og andre ikke. Derfor gennemgås også de ikke emigrerede søskendes livshistorier nedenfor.

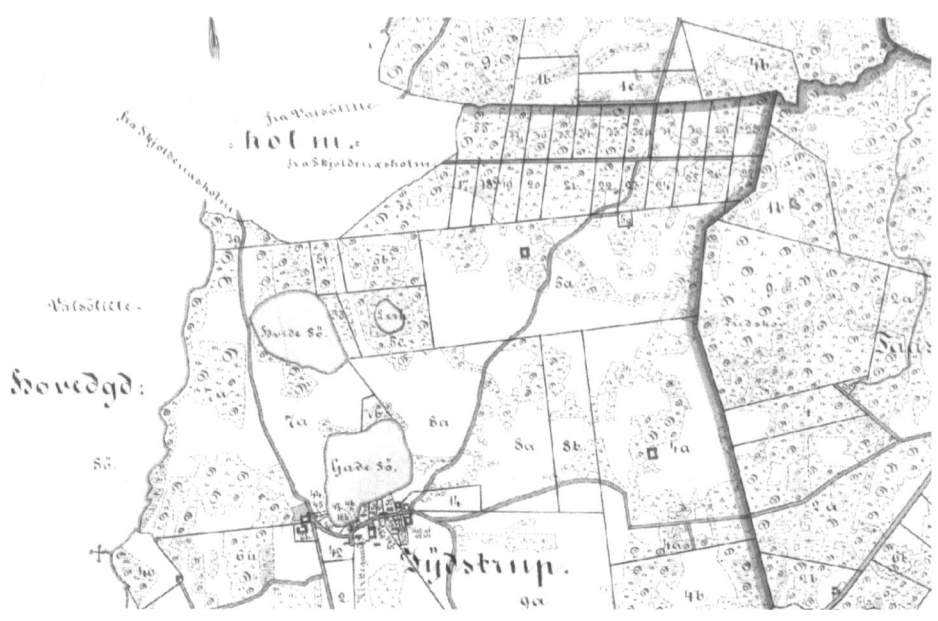

Kort 2.1. Jydstrup Sognekort 1814 viser nord for Jydstrup landsby den bebyggelse,
som fik navnet Ny Jydstrup eller Hellehuse. Bebyggelsen bestod af to rækker af jordlodder, hvor brød-
rene voksede op på matrikel nummer 34.
Kilde: Udsnit af Jydstrup Sogn, Ringsted Herred, Sorø Amt. Sognekort gældende fra 1814.
https//: //hkpn.gst.dk/ mapviewer.aspx?type=sognekort&id=521&elav=null.

2.1.1. Jens Nielsen$_2$

I begyndelsen af 1850'erne giftede Niels Nielsen og Johanne Rasmussens ældste søn
Jens sig. Konen hed Karen Rasmussen og kom fra Særløse.

Det nygifte par bosatte sig i Hellehuse i et hus skråt overfor hans forældre, og her
kom deres første barn til verden i juni 1853 men døde allerede i en alder af to må-
neder. 1½ år efter hørtes atter barneskrig i hjemmet i Hellehuse. Sønnen Jens Peter$_6$
blev født i 1855, og han blev storebror to gange, nemlig i 1858 og 1864, hvor Rasmus
Wilhelm Jensen$_{2,iii}$ og Carl Johan Jensen$_7$ kom til verden.

Samme år, som den yngste søn Carl blev født, var Jens indkaldt som soldat i kri-
gen. Heldigvis kom han uskadt hjem til Hellehuse, hvor en slidsom tilværelse som
stenhugger og arbejdsmand ved godset ventede. En del af kræfterne blev formentlig
også brugt på at hjælpe forældrene med driften af deres husmandssted. I ti år fort-
satte livet med hårdt arbejde fra morgen til aften, men i 1874 var det slut.

Da deres ældste søn Jens Peter dette år vendte hjem efter et kortere ophold i Amerika, overbeviste han dem om, at hele familien skulle bryde op og starte et nyt liv under mere gunstige forhold. Forældrene var på det tidspunkt 52 og 50 år, så beslutningen blev formentlig taget for børnenes skyld.

Familien udvandrede til Amerika. De så ingen fremtid om social forbedring hverken for dem selv eller deres børn, hvis de fortsat blev boende i Hellehuse.

2.1.2. Ane Kirstine$_{1,ii}$ og Rasmus$_{1,v}$ Nielsen

Niels Nielsen og Johannes ældste datter Ane Kirstine havde som flere af hendes brødre også udlængsel. 25 år gammel realiserede hun drømmen om et bedre liv, end det hun førte som tjenestepige på de større gårde i Jystrup.

I 1850 forlod hun sit fødesogn for at søge lykken i København. Ved folketællingen 1885 var hun at finde i Peder Hvidtfeldts Stræde, hvor der er noteret, at hun levede af håndgerning. Hun var ugift og boede sammen med sin bror Rasmus og hans familie.

Rasmus tjente til livets ophold som rådstuetjener. Han var gift med Anna Christine Hansen, som kom fra Harløse, Tjæreby sogn i Frederiksborg amt, og hun tjente penge som rullekone. Parret havde i 1885 fire hjemmeboende børn mellem 20 og 12 år, som alle var født i København. Den ældste, sønnen Hans Sigfred, var tilskærer, datteren Anna Petra var håndarbejderske, den yngste søn Niels Theodor var i maler-lære, og den alleryngste Marie Sofie gik stadig i skole.

De to søskende Ane Kirstine og Rasmus forlod altså begge deres fødesogn til fordel for en tilværelse i hovedstaden. Mange fra landet drog dengang ind til en større by, for dér at søge arbejde og skabe sig et bedre liv, end landet på det tidspunkt kunne tilbyde dem. Men for mange blev opholdet i byen en skuffelse. Det kunne også hér være svært at finde arbejde, og livet i byen var meget forskellig fra det, de kendte til. Derfor tog en del det næste skridt og gik til udvandringsagenten for at købe en enkeltbillet til Amerika.

Det ser dog ud til, at de to søskende fandt sig til rette i København. Rasmus fik arbejde og stiftede familie, og Ane Kirstine brugte de færdigheder indenfor det huslige, hun havde lært hjemmefra. De følte åbenbart ikke nogen trang til at tage det store spring og rejse til Amerika, selvom de havde hele tre brødre derovre, som kunne hjælpe dem i de fremmede omgivelser.

2.1.3. Christen Nielsen$_{1,iii}$

Christen Nielsen blev i 1850 indkaldt som soldat, og få år efter blev han overført til København. Der blev han indtil han i 1868 forlod hæren, og det formodes, at hans fortsatte liv udspandt sig i København, hvor to af hans søskende jo allerede havde etableret sig.

2.1.4. Anne Marie Nielsen₃

I 1854 blev den yngste datter Ane Marie gravid, og svenskeren Sven Jensson blev udlagt som barnefader. Han var kommet til Jystrup sogn i 1850, hvor han fik arbejde som møllemand på Jystrup Mølle.

Ane Marie kunne ikke formå Sven Jensson til at gifte sig med hende, eller også havde han ikke stor nok indtægt til at kunne forsørge en familie. Ane Marie blev derfor hjemme hos forældrene med sin lille datter.

I 1856 ændrede forholdene sig, og parret blev viet. De bosatte sig i Hellehuse, hvor de boede som indsiddere hos hendes forældre. Han hjalp svigerforældrene på husmandsstedet, da de efterhånden var kommet lidt op i alderen og ikke mere havde så mange kræfter, og tillige forsørgede han familien som arbejdsmand.

I starten af 1870'erne begyndte Sven at skrante, og til sidst kunne han slet ikke arbejde. Anne Maries bror Peder boede også hjemme på det tidspunkt. Anne Marie og Peder var således den eneste voksne arbejdskraft på husmandsstedet. Samtidig var han nødsaget til at arbejde udenfor hjemmet som snedker og daglejer på godset for at få økonomien til at løbe rundt. Forældrene var nemlig på det tidspunkt så gamle, at de reelt set ikke kunne udrette så meget; Niels Nielsen var nær de 80 år og hans kone Johanne Rasmussen i begyndelsen af 70'erne. Situationen var økonomisk uholdbar med så mange mennesker, som skulle forsørges, og det endte med, at Anne Marie og hendes familie måtte flytte ind i fattighuset.

Man kan undre sig over, hvorfor Anne Maries mand ikke officielt blev fæster af svigerforældrenes husmandssted. Forholdene på Skjoldenæsholm i denne periode var meget usikre selv for dem, som havde arvefæstebestemmelser på deres ejendom. Et såkaldt arvefæste betød, at man som fæster kunne være sikker på, at et af ens børn kunne overtage fæstet.

Arvefæstebestemmelserne på Skjoldenæsholm havde med kongens underskrift været gældende siden 1770, men til trods her for blev det ikke altid ført ud i livet. Ingen kunne vide sig sikre på, at der skønt arvefæste på ejendommen ikke ville være problemer for den næste generation med at overtage ejendommen. Det var der mange eksempler på op igennem 1800-tallet, så de gamle fæstere blev på gården eller husmandsstedet meget længere tid end kræfterne holdt til. De havde så en søn eller datter boende og ordnede sig indbyrdes i forhold til arbejde og boligforhold.

Sven Jensson døde i 1875 af kræft i maven. Han efterlod sig en enke på 42 år samt tre børn i alderen 6, 10 og 20 år. Den ældste var da allerede hjemmefra; hun blev sendt ud at tjene lige efter konfirmationen.

Anne Marie havde jo ingen midler selv, da hun blev enke, men hvis familien havde haft penge til hendes og hendes børns billetter til Amerika, ville en udvandring til Amerika kunne have løst mange problemer. Hendes udvandrede brødre Jens og Peder ville utvivlsomt have hjulpet hende efter ankomsten, og hun kunne måske, som det lykkedes for mange andre enlige kvinder, have fået en mand og forsørger i Amerika. Men sådan så verden ikke ud for Anne Marie. Hun måtte blive hjemme og leve af offentlig understøttelse.

2.1.5. Niels Nielsen$_4$

Da Anne Marie$_3$ og hendes familie flyttede på fattiggården, og hendes bror Jens$_2$ havde besluttet sig for at udvandre i 1874, stod forældrene i den situation, at de i en alder af 80 og 73 ikke mere havde hjælp til pasningen af husmandsstedet. Til trods for de usikre forhold på Skjoldenæsholm, lykkedes det alligevel at få det ordnet sådan, at deres søn Niels overtog husmandsstedet i fæste. Den 31. december 1874 blev papirerne underskrevet, og Niels flyttede ind med sin familie. Forældrene blev boende på aftægt.

Niels aftjente sin værnepligt i København, og da reserven blev indkaldt i forbindelse med 2. Slesvigske Krig^2, var han blandt de indkaldte. Han kom igennem krigen 1864 uden mén, men oplevede dog at blive indlagt på lazarettet på Augustenborg Slot, formentlig for en mindre lidelse.

Niels var uden tvivl stolt af sin indsats under den 2. Slesvigske Krig. Det viser sig bl.a. i, at han gennem sit liv beholdt et billedet af sig selv i fuld uniform. Billedet er vist som Figur 4.21.

Han meldte sig ind i *De danske Vaabenbrødre*, som var en dansk forening af krigsveteraner fra de slesvigske krige. Foreningen blev stiftet 1859 af krigsveteraner og var i hele sin levetid kun åben for personer, der havde deltaget i de to slesvigske krige. Foreningens formål var at opbygge en formue, der kunne anvendes på *broderlig hjælp*, såsom understøttelse under sygdom, begravelseshjælp, billige lån og desuden social understøttelse i tilfælde af trang.

I 1875 indstiftedes *Erindringsmedaljen for Krigen 1864*, som i marts 1877 blev uddelt til de tusindvis af soldater, der havde gjort tjeneste under krigen og senere havde ansøgt om at få tildelt medaljen – der iblandt var Niels.

Senere i sit liv ansøgte han om en pension som krigsveteran fra 1864. Dette omtales i Afsnit 4.3.

Da Niels i september 1865 kom hjem fra militæret, rejste han fra Hellehuse til gården Christiansminde ved Sorø. Herfra gik turen videre til andre gårde for til sidst at ende i Spjellerup, hvor han boede op til hjemkomsten til Hellehuse i 1874.

I den mellemliggende periode var han blevet gift med Kirsten Madsen, og de medbragte ved ankomsten til Hellehuse i alt tre børn, hvoraf den ældste var født i Vallø og de to yngste i Spjellerup.

*Figur 2.1. Hellehuse matr. nr. 34, Nielsen-brødrenes barndomshjem. Billedet er taget i 1953,
men bygningerne fremstår på billedet med stråtag og overkalket bindingsværk,
som det sikkert har stået, mens brødrene endnu boede der. Foto: Privat eje.*

I 1878 døde Niels' mor Johanne Rasmusdatter, og faderen Niels Nielsen gik bort i 1882. Derefter følte Niels åbenbart ikke, at han var nødsaget til at blive på familiens husmandssted. Beretninger om Amerikas muligheder fra hans to udvandrede brødre var tillokkende. To år efter faderens dødsfald udvandrede Niels til Amerika sammen med sin kone og parrets syv børn. Dér ventede hans brødre Jens og Peder, og de hjalp familien til rette i den nye og fremmede verden, som åbnede sig.

2.1.6. Peder Nielsen[5]

Det synes oplagt, at Niels Nielsen og Johanne Ramusdatters yngste søn Peder, der var snedker og som ugift boede hjemme hos forældrene i Hellehuse, skulle overtage forældrenes husmandssted, men han havde andre planer. Han var ugift, men havde en kæreste i Valsømagle - en gift kvinde ved navn Kirsten Andersen.

Historien om Peder Nielsens grund til at udvandre begyndte egentlig mange år før selve udvandringen fandt sted, og den tog udgangspunkt i en hel anden mand, nemlig Jens Larsen[A], som var gift med Peders kæreste Kirsten.

Jens Larsen blev født i Hellehuse i 1825. Hans familie var altså naboer til familien

Nielsen, og man må formode, at Jens Larsen og den jævnaldrende Jens Nielsen$_2$ var gode venner og legekammerater op gennem barn- og ungdommen.

I slutningen af 1850'erne giftede Jens Larsen sig med Maren Christensdatter, og parret bosatte sig i på et fæstet husmandssted i Valsømagle, hvor de i 1860 fik datteren Karen Marie$_{A,a}$. To år efter døde Maren, og Jens giftede sig kort tid efter med Kirsten Andersen$_{5\,og\,A}$.

Efter kirkebogen at dømme fik Jens og Kirsten tre sønner, Hans$_{A,b}$, Anders$_{A,c}$ og Niels Peter$_{A,d}$ født i henholdsvis 1863, 1868 og 1871.

Knap 1½ år efter Niels Peters fødsel, nemlig i november 1872, emigrerede Jens Larsen til Amerika. Hans rejse endte i Minnesota, hvor han blev bosat på en farm i Dovre, Kandiyohi Co.

Jens efterlod Kirsten i Valsømagle med deres tre sønner og datteren fra hans første ægteskab. I den amerikanske familie fortælles det, at Jens agtede at sende bud efter Kirsten og børnene senere, men at hun efter en ventetid på flere år, hvor hun ikke havde hørt livstegn fra ham, troede, at han var død.

I 1873 fik Kirsten endnu et barn, og som der stod i kirkebogen var ægtemanden rejst til Amerika før svangerskabets begyndelse. Peder Nielsen fra Hellehuse blev udlagt som barnefader.

I 1875 gentog historien sig. Kirsten og Peder fik endnu et barn sammen.

Kort tid herefter emigrerede Kirsten som *fraskilt kone* medbringende seks børn – hendes mands datter fra hans første ægteskab, de tre sønner hun havde med sin mand og de to piger, som Peder Nielsen var far til. På samme rejse var Peder også opført som emigrant men ikke officielt i følgeskab med Kirsten Andersen.

Ved at emigrere kunne de to lægge al misbilligelse over deres forhold bag sig, og de fik mulighed for at skabe sig et nyt liv sig sammen på helt andre præmisser, end hvis de var blevet i lokalsamfundet.

3. Rejsen over Atlanten

Fra midten af 1800-tallet og indtil år 1900 udvandrede omkring 500 personer med tilknytning til Skjoldenæsholm Gods til Amerika. Hele udvandringen startede med en udvandring af baptister, som fandt de lokale forhold på egnen så dårlige, at en ny tilværelse i Amerika var mere tillokkende[3].

Senere fulgte andre baptister, familier til disse, naboer og bekendte fra lokalområdet. Ofte fulgtes emigranterne fra godset. De rejste i større eller mindre grupper, hvilket gjorde især rejsen over Atlanten mere trygt. Man bevægede sig jo ud på gyngende grund – i ordenes egentlige forstand. Derfor var det godt og trygt at være sammen både på rejsen og ved ankomsten til alt det nye; nye omgivelser, nyt sprog, begyndelsen på et nyt liv.

Jens og Niels Nielsen med familier udgjorde ingen undtagelse. De rejste sammen med andre fra Skjoldenæsholm Gods i henholdsvis 1874 og 1884, mens Peder Nielsen og Kirsten Andersen med børn foretog overfarten i 1875 på emigrantskibet *Manhattan* uden selskab med andre, de kendte hjemmefra.

I dette kapitel fortælles om familierne Jens og Niels Nielsens færd over det store vand.

3.1. Familien Jens Nielsens₂ rejse

I 1873 forlod Jens Nielsens 19-årige søn Jens Peter Jensen₆ sin fødeegn og sit fædreland. Han rejste til Amerika. På turen fulgtes han med tre jævnaldrende kammerater Christen Steffensen[4], Frederik Ludvig Hansen[5] og Lars Mogensen[6].

Den 19. maj 1873 kunne de fire unge rejsekammerater fra Skjoldenæsholm sætte foden på amerikansk jord i New York. Turen over Atlanten med skibet *Ernst Mouritz Arndt* var forløbet planmæssigt, hvilket de fire sikkert værdsatte dobbelt, da de senere hørte om, hvordan skibets næste afrejse fra København forløb. Den blev nemlig både meget dramatisk, langvarig og farefuld, idet skibets skrue på rejsens femte dag brækkede af under en storm, men efter 41 dage på havet ankom Ernst Moritz Arndt dog omsider til New Yorks havn.

De fire rejsekammerater fra Skjoldenæsholm havde hver deres destination, hvortil de skulle rejse fra New York. Christen Stephensen skulle videre til Racine i Wisconsin, som på det tidspunkt var det foretrukne rejsemål for emigranterne fra Skjoldenæsholm[7]. Jens Peter havde kun billet til New York, men han fulgtes for-

Figur 3.1. Skrædder Niels Stephensen i Allindemagle og hans kone jordemoder Jacobine Nielsen fik fem børn, hvoraf en datter døde som spæd. I 1866 døde konen og Niels Stephensen giftede sig året efter med Ane Kirstine Frederiksen. I dette ægteskab kom to børn til verden. Alle Niels Stephensens seks børn udvandrede.
Christen Stephensen var den første i søskendeflokken, som drog af sted. Efter nogle års forløb var samtlige hans søskende fulgt efter, og alle på nær én bosatte de sig i Racine, WI.
På fotografiet ses Christen Stephensen på sin farm i Iowa, som han købte i 1888 efter 15 års arbejde som først gårdskarl og senere bonde på en lejet gård i Racine. Foto: Privat eje.

mentlig med Lars Mogensen og Frederik Ludvig Hansen, som begge skulle til Minnesota, dog med hver sin endestation. Lars ville til Mankota, hvor hans bror Hans ophold sig, og Frederik til Albert Lea. De to steder lå tæt ved hinanden i den sydlige del af Minnesota.

Jens Peter blev ikke længe i Amerika. Året efter udvandringen var han hjemme igen i Hellehuse, men kun for en kortere bemærkning. Han ville tilbage til Amerika, og resten af familien, hvilket vil sige hans forældre og to yngre brødre, skulle med. Han havde jo før prøvet turen over Atlanten, så han skulle nok støtte dem undervejs. Hans overtalelsesevner var åbenbart så gode, at hele familien i 1874 drog af sted til Willmar, Kandiyohi Co., MN.

Inden familien Jens Nielsen forlod Skjoldenæsholm satte de alt, hvad de ikke skulle have med til Amerika, på auktion. 166 numre var der på auktionslisten. Bohavet, som var til salg, bestod af husgeråd og køkkentøj såsom syltekrukker, sildetønder og kødgafler samt møbler lige fra stole og bænke til en rødmalet kiste og et slagbord. Desuden omsattes brænde, værktøj og husdyr til penge. I alt indbragte auktionen 342 rigsdaler svarende til små 700 kr.

Jens Peters familie bestod ud over ham selv af hans forældre og to søskende på hhv. 10 og 15 år. Det ældste barn blev ved indskrivningen til rejsen gjort fire år yngre således, at begge børn kunne rejse på børnebillet til nedsat pris. Børn under 12 år rejste nemlig til halv pris, hed det i annoncerne, og da man øjensynlig var i tvivl om, hvorvidt det betød, at børn, som var fyldt de 12, også var omfattet af rabatten, så blev den ældste på 15 år altså gjort hele fire år yngre for at være på den sikre side. Det sparede de 50 kr. ved, så den samlede udgift til billetter kom ned på ca. 400 kr. altså omkring halvdelen af den formue, familien fik ved auktionen.

På rejsen fik familien Nielsen følgeskab af skomageren fra Allindemagle Niels Peder Christiansen og hans fire sønner[8].

Den 31. marts 1874 havde der været begravelse i Allindemagle. Niels Peders kone Else Kristine Pedersen[9] var død 42 år gammel. Hun døde den 24. marts, netop den dag, hvor familien havde underskrevet rejsekontrakt med dampskibsselskabet, som skulle sørge for deres sejlads til Amerika.

Niels Peder Christiansen opgav ikke sit forehavende om at udvandre til trods for sorgen og de sørgelige omstændigheder. Han og hans fire drenge tog af sted med familien Jens Nielsen som aftalt.

Den 29. april lagde skibet *Washington* til i New York, og de to familier fra Skjoldenæsholm betrådte deres nye fædreland. Familien Christiansen skulle videre til Cedar Falls i Iowa, hvor hans afdøde kones søster ventede ham og børnene. Familien Nielsen agtede sig til Wilmot i Minnesota.

De to familier gjorde sandsynligvis rejsen fra New York og til Iowa sammen, hvorefter familien Nielsen fortsatte alene mod deres destination.

3.2. Familien Niels Nielsens$_4$ rejse

I 1884 udvandrede Niels Nielsen med konen Kirstine Madsen og syv børn. Den yngste var lige akkurat kommet til verden, da de rejste. Forældrene nåede ikke at få barnet døbt i kirken, hvilket øjensynligt generede præsten, som i kirkebogen ved barnets fødselsregistrering skrev: *Familien med dette barn rejst til Amerika uden at barnet kom i kirke.*

Familien Niels Nielsen var på rejsen i selskab med 33 andre emigranter fra Skjoldenæsholm Gods. I alt bestod de rejsende af 16 enlige, et brødrepar samt fem familier bestående af ti voksne og 14 børn.

Den 24-årige *Niels Peter Jacobsen*[10] fungerede givetvis som en slags rejseleder for hele selskabet. Han var både rejsevant og hjemmevant i Amerika, og så kunne han tale engelsk, idet han havde opholdt sig i Amerika i godt tre år.

I 1880 udvandrede han sammen med sin halvbror og dennes kone. De rejste til Racine, WI, hvor deres endnu ældre bror med familie ventede dem. Et år efter ankomsten kunne de tage imod endnu en bror. I 1883 vendte Niels Peter Jacobsen tilbage til Skjoldenæsholm for at hente sin søster med familie samt mange andre, som i ham fik betryggende udsigter til den forestående, lange rejse mod det ukendte.

Blandt familierne, som rejste sammen i 1884, var Niels Andersen[11] med sin kone

Ane Kirstine Haagensen[12] og deres to børn[13] Anders Haagen og Ane Marie, der ligesom Niels Nielsen-familien var bosat i Hellehuse. Undervejs skrev den 13-årige Anders udførligt om turen over Atlanten.

Den 28. februar 1884 forlod vi vores gamle land, Danmark. Det var en dejlig dag, men vi udgød mange tårer, da vi tog afsked med vores kære. Sådan begyndte Anders Haagen Andersens rejsebeskrivelse.

Videre fortæller Anders Haagen Andersen, at emigranterne hyrede en mand med et arbejdshold, som hjalp med at transportere de rejsende med deres bagage til Borup, hvorfra de tog videre til Ringsted med toget. Efter togskifte dér fortsatte turen til København, hvortil de ankom klokken fire om eftermiddagen. Så gik de ombord *bound for America.*

Først sejlede vi på Øresund og så på Kattegat. Og det blev nat. Den næste dag var vi på Skagerrak og så i Nordsøen. Omkring 1. marts om eftermiddagen lagde vi til ved Kristiansand, Norge, hvor flere passagerer blev taget om bord. Skibet lå for anker i omkring tre timer, og jeg fik chancen til at komme ind til byen for at se mig omkring og købe lidt pebermyntepastiller. De smagte så godt! Igen sejlede vi af sted, og den næste dag var vi næsten alle søsyge. Det var ikke sjovt. Ca. 3. marts nåede vi Leith, England. Her gik vi fra borde og tog videre med tog til Glasgow, Skotland. Det er en fin by. Vi var der i syv dage og boede på hotel. Vi kom os over søsygen og nød opholdet der. Lørdag eftermiddag forlod vi Glasgow på et stort dampskib ved navn State of Nebraska, et af de største skibe, som dengang sejlede.

Så bevægede vi os ud på det store Atlanterhav. Næste morgen, søndag, ankrede vi op ved en by i Irland. Det var en stille by, og jeg så ikke mange folk der. Der var en gangbro fra skibet, og jeg gik i land for at betræde irsk jord - bare for at kunne prale af, at jeg også havde været i Irland. Jeg tror, jeg var den eneste passager, som gik i land i Irland.

Kort efter afsejlede vi fra Irland på den mest vidunderlige søndag formiddag. Vi bevægede os langs Irlands kyst i lang tid. Landskabet var flot, græsset var kønt og grønt, og kirkeklokkerne ringede fra alle retninger for at kalde folk til kirke.

Så blev vi søsyge igen, og i mange dage havde vi det elendigt. Maden, som blev serveret, var ikke særlig god, men heldigvis havde vi medbragt lidt hjemmefra, som vi nippede til ind imellem.

Vejret var *nogenlunde hele vejen, men alligevel rullede en stor bølge ind imellem ind over dækket, så man blev helt gennemblødt, hvis man stod i vejen. Jeg elskede at stå på dækket agter eller i stævnen og blive hevet 30 fod (sådan føltes det) i vejret og ned igen. Denne bevægelse af skibet var ganske langsom. Vi sejlede videre og videre, dag for dag. Havmågerne fulgte os. Engang imellem så vi et skib i det fjerne, men ikke land. Vi var ved at komme os over vores søsyge, men var stadig fortumlet i hovedet (en meget mærkelig fornemmelse), som vi gerne ville ryste af os, men ikke kunne. Vi havde været på Atlanten i omkring ni dage, og vi var meget spændte på at nå land, og vi hørte mandskabet tale om, at vi nærmede os. Alle var i spænding – ventede.*

Om aftenen, efter mørkets frembrud, måske kl. 10, så vi lyset. En hel masse og over et stort område. Vi fik at vide, at det var New York City. Åh, hvilket gys. Ja, det er et gys for

*Figur 3.2. Billeder af nogle fra det 42 personer store rejseselskab,
som samlet forlod Skjoldenæsholm Gods i 1884.
Rejselederen Niels Peter Jacobsen ses øverst tv. ved siden af sin forlovede Anne Margrethe Jensen[16].
Maren Christensen[17], som ses nederst tv., var på turen sengekammerat med Anne Margrethe Jensen.
De delte nemlig en køje på skibet, fortalte hun i sine erindringer.
Maren var søsyg næsten hele vejen,
men hendes kæreste Elias Sørensen[18], der ses nederst th.,
klarede turen uden ubehag og kunne oveni købet nyde sejladsen. Fotos: Privat eje.*

Figur 3.3. Niels Peter Jacobsen kom for-
mentlig tilbage fra Amerika for at ledsage
sin søster Ane Kirstine Jacobsen[14], hendes
mand Ludvig Jensen[15] og deres 10-årige dat-
ter Ane Marie Margrethe på deres udvan-
dringsrejse. Foto: Privat eje.

folk, som aldrig før har været væk hjemmefra og så længe havde haft indskrænket plads at
bevæge sig på. Jeg glemmer det aldrig. Vi var åbenbart stadig langt ude på søen og kom først
ind senere på natten, da alle sov. Tidlig næste morgen kastede vi anker i havnen. Så blev vi
hentet af små både, som førte os til Castle Garden.

Gruppen, som familien Nielsen rejste sammen med fra Skjoldenæsholm, havde
destinationer nogenlunde ligeligt fordelt mellem Racine i Wisconsin, og staten Da-
kota, hvor familien Nielsen altså hørte til de sidste med det mere specifikke *Willmar*
som endestation for rejsen. Fra New York rejste hele rejseselskabet sikkert samlet til
Racine, hvorefter de med destinationer i Dakota fortsatte rejsen for senere at fordele
sig alt efter destination.

Figur 3.4. Castle Garden, hvor registre-
ringen af de amerikanske indvandrere
fandt sted. Foto: Lauritzen og Pedersen

4. Livet i Amerika

Som berettet ovenfor udvandrede de brødre Jens, Niels og Peder Nielsen hvert sit år og med hver deres grund til at forlade de vante rammer. I dette kapitel fortælles om de tre brødres og deres familiers nye liv i det fremmede. Da brødrene helt sikkert havde en forestilling om, at deres børn kunne opnå et bedre liv i Amerika, gives tillige i dette kapitel en gennemgang af, hvordan det gik de tre brødres medbragte, danskfødte børn i deres nye hjemland.

Beretningerne om de tre brødre og deres familiers liv i Amerika bliver fortalt i den rækkefølge, hvorefter de udvandrede.

4.1. Familien Jens Nielsen$_2$ og Karen Rasmussen

Familien Jens Nielsen, som bestod af Jens Nielsen, hans kone Karen Rasmussen og deres tre sønner Jens Peter, Rasmus Wilhelm og Carl Johan Jensen$_{2,ii-iv}$ udvandrede i 1874.

Efter den lange rejse gennem Amerika nåede de frem til deres mål, nemlig Willmar, Kandiyohi Co., MN, hvor Jens Nielsens barndomsven Jens Larsen$_A$ allerede befandt sig[19]. Sandsynligvis med hjælp fra ham fandt de en farm, som de kunne leje. I 1882 besluttede hele familien sig for at tage til Springdale, Roberts Co., SD, hvor Jens Nielsen fik et homestead på 160 acres[20].

Først den 6. jan. 1889 havde han opfyldt betingelserne for at få udstedt beviset på, at han ejede jorden. Men da var han også helt opbrugt og led af en lungesygdom, som senere på året forårsagede hans død.

Jens var jo 60 år gammel, da han tog udfordringen med homestead'et op. Han fik givetvis stor hjælp af sine tre sønner, men alligevel sled det hårde arbejde på ham.

Da han havde opnået, hvad han ville, nemlig at komme til at eje farmen, men ikke mere kunne passe den, så besluttede han sammen med sin kone og deres to yngste sønner at vende tilbage til Minnesota. Sandsynligvis blev den ældste søn, som allerede i 1883 havde giftet sig, på gården.

Jens og hans hustru bosatte sig sammen med sønnen Rasmus$_{2,iii}$ på hans gård, som lå i Raymond i Edwards, Kandiyohi Co.

Jens Nielsen døde som fortalt ovenfor i 1889. Hans enke blev boende hos sønnen indtil sin død i 1905.

Kort 4.1. Kortet viser familien Jens Nielsens destination ved udvandringen (åben cirkel) samt familiens senere opholdssteder i Amerika (cirkler med numre): Nummer 1-2 Peder Nielsen og hans hustru, nummer 3-5 deres tre medbragte børn. Baggrundskort: http://www.freeusandworldmaps.com.

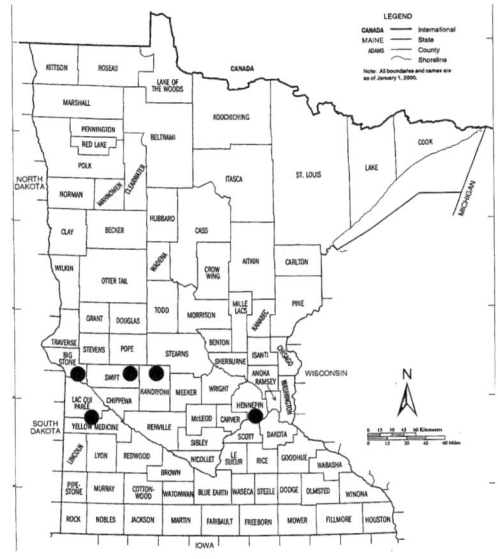

Kort 4.2. Beliggenheden af Kandiyohi, Hennepin, Swift, Big Stone og Lac qui Parle counties i Minnesota er markeret med prikker. Familierne Jens$_2$ og Peder Nielsen$_5$ boede i Kandiyohi Co., MN. Jens Peter Jensen$_6$ døde i Hennepin Co. Jens Nielsens søn Carl Johan Jensen$_7$ blev uddannet telegrafist i Swift Co. Niels Nielsens datter Anna Frederikke Nielsen$_{11}$ var bosat både i Big Stone og i Lac qui Parle counties. Baggrundskort: https://www.census.gov.

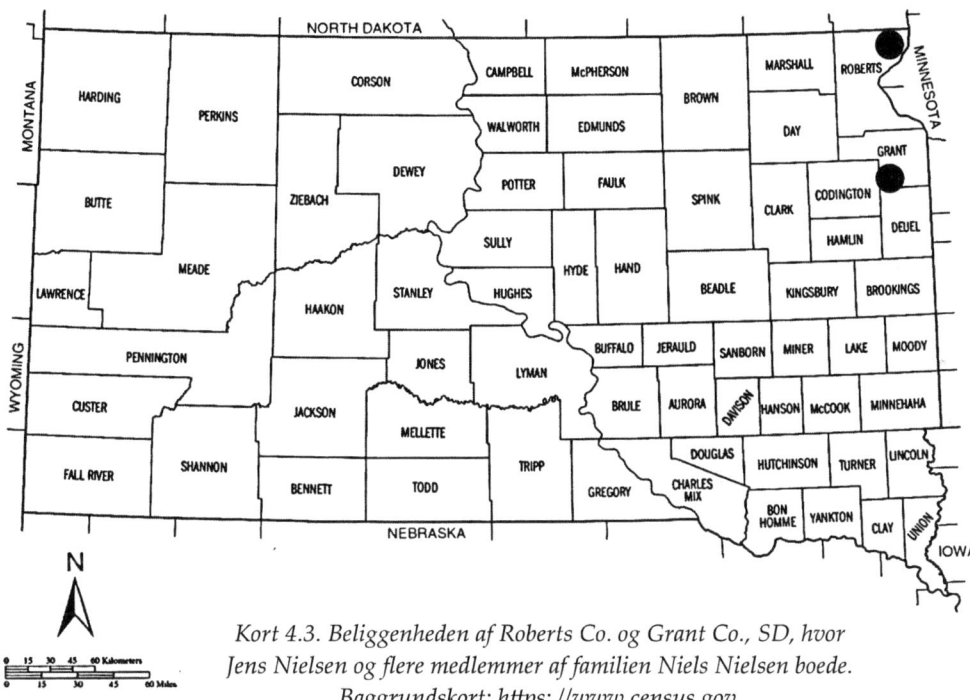

Kort 4.3. Beliggenheden af Roberts Co. og Grant Co., SD, hvor
Jens Nielsen og flere medlemmer af familien Niels Nielsen boede.
Baggrundskort: https://www.census.gov.

4.1.1. Jens Peter Jensen[6]

I 1883 giftede Jens Nielsens ældste søn Jens Peter sig med en dansk kvinde. I de
første år boede de formentlig hjemme hos hans forældre, indtil disse flyttede tilbage

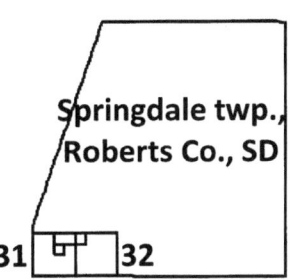

Kort 4.4. Placeringen af Jens Nielsens homestead i sektio-
nerne 31 og 32, Springdale twp., Roberts Co., SD.
Kilde: https:// glorecords.blm.gov.

Figur 4.1. Jens Peter Jensen som ældre. Foto: Privat eje.

til Minnesota. De næste par år blev de på gården, men i begyndelsen af 1890'erne flyttede de til Willmar, Kandiyohi Co., MN tæt på hans familie.

Jens Peter havde en forretning med køb og salg af hø. Der ud over drev han i en årrække en slagtervirksomhed sammen med broderen Carl[7].

1913 døde Jens Peters kone, og han flyttede til Minneapolis for at bo hos sin datter Camila. Her døde han 1934.

4.1.2. Rasmus Wilhelm Jensen[2,iii]

Jens og Karens søn Rasmus købte en ejendom i landsbyen Raymond i Edwards twp, Kandiyohi Co., MN, da forældrene og hans yngre bror Carl vendte tilbage fra eventyret i South Dakota. Da han var ugift, havde han plads til at have alle tre boende. Sandsynligvis sørgede hans mor for det huslige, og i Carl havde han hjælp til gårdens drift.

Ud over at farme levede William af at handle med hø; en forretning han havde sammen med broderen Jens, som på et tidspunkt overtog virksomheden.

Mellem 1914 og 1929 havde han en minkfarm. Han annoncerede ivrigt efter levende mink i lokale aviser i South Dakota og Iowa. Han ville betale ikke mindre end 8-10 USD stykket. Det var mange penge; det svarer til ca. 200-250 USD i nutidens USA.

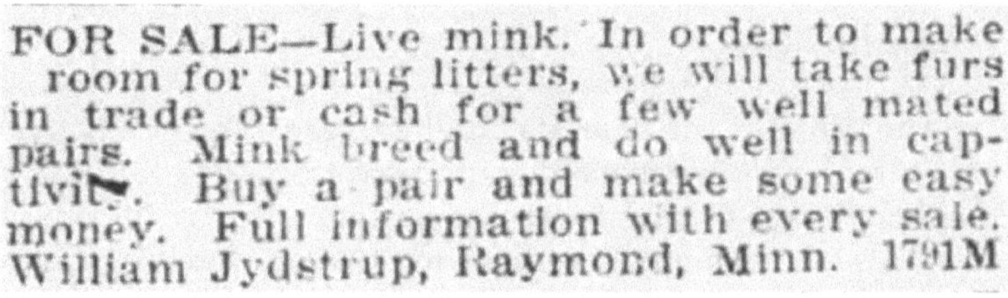
FOR SALE—Live mink. In order to make room for spring litters, we will take furs in trade or cash for a few well mated pairs. Mink breed and do well in captivity. Buy a pair and make some easy money. Full information with every sale. William Jydstrup, Raymond, Minn. 1791M

Fig. 4.2. Rasmus Vilhelm Jensens aka William Jydstrup averterede efter levende mink til sin minkfarm, og senere annoncerede han med salg af skind og levende dyr. Kilde: Sisseton Weekly Standard, Sisseton, SD.

Han ønskede kun at købe uskadede dyr. De var jo blevet fanget i fælder og kunne derfor have skader, men sådanne dyr var han ikke interesseret i.
Han opdrættede mink og solgte både skind og levende dyr. Han reklamerede med, at dyrene trivedes og formerede sig godt i fangenskab, og han opfordrede folk til selv at starte deres egen minkfarm. *Start nu og tjen en formue. Profitten er enorm.*

Hans pelsdyrfarm udviklede sig med tiden til foruden mink også at omfatte opdræt af vaskebjørne, røde ræve og sølvgrå grævlinger.

Han forblev ugift og døde i 1934.

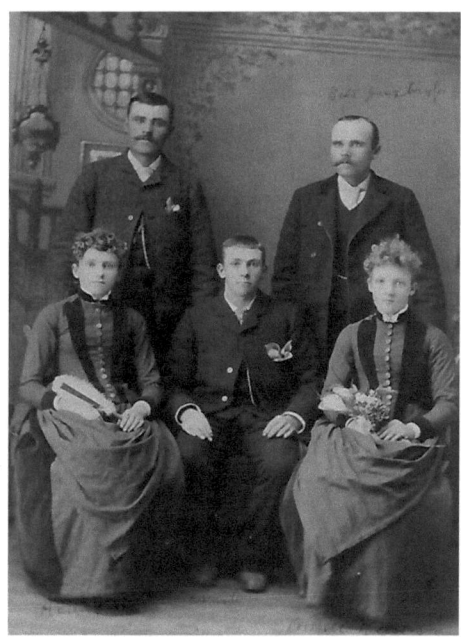

Figur 4.3. Jens Nielsens tre sønner Carl (tv) og Rasmus (th) bagved og Jens Peter imellem deres to kusiner Anne Marie og Hanne, som var døtre af Peder Nielsen. Foto: Privat eje.

4.1.3. Carl Johan Jensen[7]

Jens Nielsens yngste søn Carl var 10 år, da familien emigrerede, og han fulgte selv-følgelig med forældrene fra Minnesota til South Dakota, da de i 1882 flyttede dertil, og ligeledes kom han tilbage til Minnesota, da forældrene opgav tilværelsen i South Dakota. Han flyttede sammen med forældrene ind hos sin storebror Rasmus.

Carls far havde lært ham murerhåndværket, men han havde andre interesser. Siden barndommen havde han eksperimenteret og prøvet sig frem med telegrafi. På gården i South Dakota konstruerede han og broderen Rasmus[2,iii] en telegraf fra huset til laden, og det blev netop indenfor telegrafvæsenet, at Carl fandt sin profession. Han forsøgte sig dog først som landmand på et homestead i Roberts Co., SD. Her, hvor familien tidligere havde boet i hans barndom, fik han et homestead, da han fyldte 21 år, men landbruget blev ikke hans livsbane. Da han var 29 år, kom han i lære ved telegrafen i Murdock, Swift Co., MN, hvor han også havde et job som den, der leverede posten videre til posttoget. Samtidig var han politibetjent i byen til en løn af 4 USD per måned.

I 1897 kom han til Mission Hill, Yankton Co., SD, som den første agent på *Great Northern Railroad*, og der var han ansat indtil 1938.

Da han kom til byen, boede han i en meget lille hytte på 4 X 6 yards svarende til ca. 4,5 X 5,5 m. Senere blev hytten udvidet og endnu senere erstattet af et rigtigt hus.

I 1901 giftede hans sig med den norskfødte Martha Aalseth, som var datter af en af de tidligste pionerer i byen. De byggede et nyt hus, så de kunne bo standsmæssigt, og der kom deres eneste barn til verden.

Figur 4.4. Carl Johan Jensen og hans kone Martha med datteren Mathilda Caroline. Foto: Privat eje.

*Figur 4.5. Peder Nielsens søn Christian G.
Nielsen[17] bosatte sig i Yankton, hvor hans
fætter Carl havde etableret sig i 1897. Der ar-
bejdede Christian som sadelmager, men senere
fik han en farm.
Foto: Privat eje.*

Sideløbende med arbejdet son agent ved jernbanen engagerede han sig i forskellige virksomheder. I 1922 havde han sammen med en mand, som hed Rasmus Pedersen en forretning ved navn *Everybody's Store*, som sikkert var en udvidet form for købmandsforretning, og i en periode drev han en slagtervirksomhed sammen med sin bror Jens. Det var i Browns Valley, MN, hvor Sioux indianerne havde deres lejre. *Det var i de lovløse dage med åbne saloons, hvor vi var vidne til hårrejsende scener … Men bror Peter og jeg blev gode venner med Sioux'erne og lærte noget af deres sprog,* fortalte han i sine erindringer. Dem skrev han i 1952, 88 år gammel, hvor han boede sammen med sin datter Mathilda og hendes familie.

Han var stolt af at have fulgt byen Mission Hill gro. Han havde oplevet byen vokse fra tiden med heste og vogne til en by med biler og flyvemaskiner.

Da han kom til byen, blev korntransportøren drevet som en trædemølle, hvor en blind hest gik rundt og rundt. Siden blev en mere moderne transportør indført. Beslagsmeden skoede heste for 1 USD per hest. Til beslagsmedens værksted hørte en forretning, hvor man solgte mange varianter af hestevogne, og et seletøjsværksted blev åbnet af hans fætter Christian G. Nielsen[17]. Han var der, da byen fik sin første købmandsforretning, og han havde gennem årene set træindustrien vokse sig stor.

Figur 4.6. Carl Johan Jensen på sine ældre dage. Foto: Privat eje.

Carls erindringer sluttede med, at han udtrykte taknemmelighed og følte sig privilegeret over at have levet længe nok til at blive en af de ældste settlere i Yankton Co.

Da Carl og Martha kom op i årene, og datteren var blevet gift og havde stiftet familie, flyttede disse ind hos hendes forældre for at passe dem på deres ældre dage.

4.2. Familien Peder Nielsen₅ og Kirsten Andersen

Som fortalt i Afsnit 2.1.6. emigrerede Peder Nielsen og Kirsten Andersen i 1875. Med Kirsten fulgte seks børn, nemlig hendes mands datter fra hans førsteægteskab, Karen Marie Jensen, Kirstens tre sønner med ægtemanden Jens Larsen, Hans, Anders og Niels Peter Jensen$_{A,a-c}$ samt hendes to døtre, Ane Johanne Wilhelmine og Ane Marie Nielsen$_{5,i-ii'}$ som Peder Nielsen var udlagt som barnefader til. Alles destination på rejsen var New York, men herfra gik rejsen videre til Kandiyohi Co., MN.

Af Peders nekrolog fremgår det, at familien rejste direkte fra Danmark og til Kandiyohi Co., hvor de i tre år boede på en farm i Whitefield tre miles nord for Willmar.

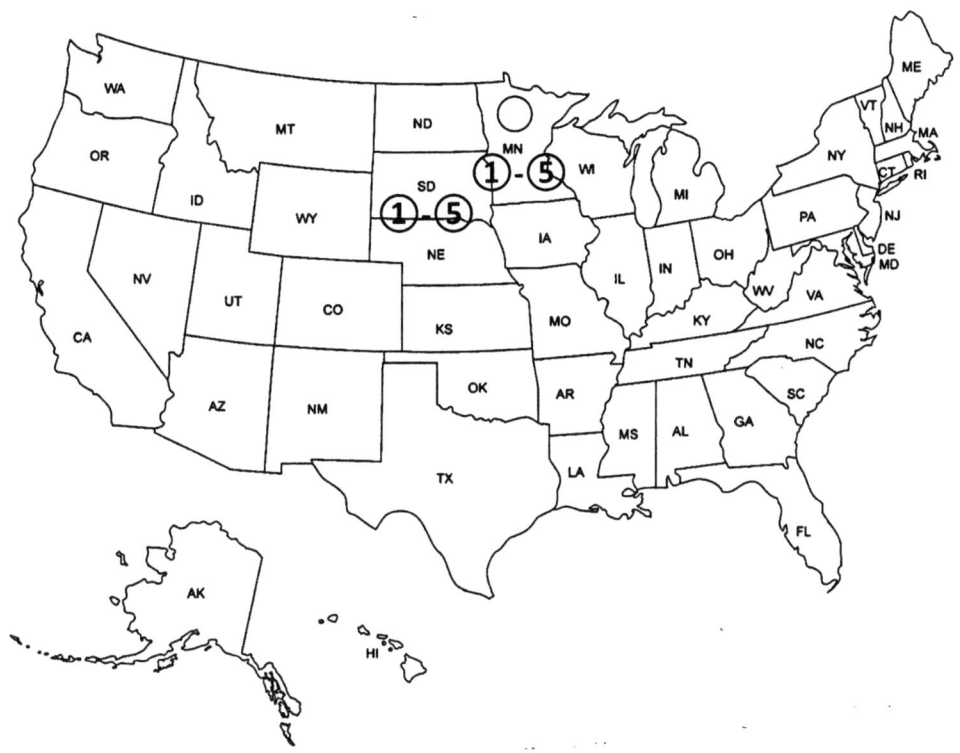

*Kort 4.5. Kortet viser familien Peder Nielsens destination ved udvandringen (åben cirkel) samt fami-
liens senere opholdssteder i Amerika (cirkler med numre): 1 Peder Nielsen, 2 Kirsten Andersen, 3-5
deres tre medbragte børn. På kortene 4.2. og 4.6. er vist, i hvilke counties familiemedlemmerne boede.
Baggrundskort: http://www.freeusandworldmaps.com/*

I 1878 flyttede Peder og hans familie til en anden farm, der også lå i Whitefield.

Ved folketællingen 1880 fremgår det, at Peder og Kirsten fra ankomsten til Ame-
rika 1875 og indtil 1880 havde fået yderligere tre børn. De boede i 1880 med alle de
otte børn, som Kirsten havde født, nemlig hendes tre børn med Jens Larsen$_{A,a-c}$ og
hendes og Peders fem børn$_{5,i-v}$. Fra 1880 og frem til 1886 fik de endnu tre børn.

Jens Larsens datter fra hans første ægteskab, Karen Marie Jensen, var ikke hos
Peder og Kirsten i 1880. Leder man videre i denne folketælling, kan man finde Karen
lige i nabolaget, i byen Dovre, hvor hun boede sammen med sin far. Han var arbej-
der og benævnte sig selv *enkemand*[21] [22].

Det ser ud til, at Kirsten og hendes første mand Jens Larsen$_A$ havde fundet en
gentleman agreement; han fik overdraget ansvaret for sin datter af hans første ægte-
skab, mens Kirsten beholdt børnene af sit eget kød og blod.

Figur 4.7. Det store og tunge damplokomobil på Peder Nielsens farm kunne bl.a. drive et tærskeværk. Foto: Priv

Peder og Kirsten blev på gården i Whitefield i 25 år. Farmen, som han ejede, var på 160 acres. I 1880 havde han 65 acres under plov, 25 acres var permanente græsnings-arealer, mens de resterende 70 acres var uopdyrkede. Han dyrkede hvede og havre og havde fire heste, men ellers ingen dyr.

Sidst i 1890'erne døde deres næstældste datter Ane Maries$_{16}$ mand Martin Haagen, og han efterlod hende med to små børn. Hun var i en fortvivlet situation, men forældrene trådte til og tilbød hende og børnene husly. Så blev huset igen fyldt med børnestemmer. Ordningen stod på, indtil Ane Marie flyttede til sin søster Ane Johanne$_{5,i}$, som var blevet enke omkring 1905.

Ca. 1903 købte Peder en ny farm. Den lå i Willmar som nærmeste naboer til Kir-stens to sønner Hans og Anders Jensen fra hendes første ægteskab med Jens Larsen$_A$.

Figur 4.8. Datteren Ane Marie$_{16}$ med sit ældste barn Elenora. Foto: Privat eje.

Figur 4.9. I starten af århundredet fik Peder Nielsen traktorer med hjul af jern til afløsning af hestene.
Foto: Privat eje.

I 1920 trak Peder sig tilbage og overlod driften af gården til sønnen Emil[20]. Peder og Kirsten gik på aftægt og boede efter dansk skik på gården. Dette arrangement varede dog kun kort tid. Peder og Kirsten flyttede ind til selve Willmar by, hvor han døde 1921 og hun året efter.

I hendes nekrologen fortælles, at hun ligesom sin mand havde udvandrede søskende. En bror Peder boede også i Willmar, mens hendes bror Niels var bosat i staten Washington. Ligeledes fortælles det åbent, at hun havde været gift to gange.

Figur 4.10. Peder Nielsen foran sit statelige stuehus til farmen i Willmar sammen med svigerdatteren Clara[17] og en tjenestepige.
Foto: Privat eje.

Figur 4.11. Peder Nielsen og Kirsten Andersen hos fotografen.
Foto: Privat eje.

4.2.1. At skjule en hemmelighed

Som tidligere fortalt rejste Jens Nielsens søn Jens Peter$_6$ til Amerika i 1873, hvorefter han kom tilbage for året efter sammen med sine forældre og søskende at foretage den endelige udvandringsrejse. Jens Nielsen og hans familie havde destinationen Willmar, Kandiyohi Co., MN som lå tæt på Whitefield, hvor de bosatte sig. Ligeledes nær ved Willmar lå Dovre, hvor Jens' barndomsven og Kirstens mand Jens Larsen$_A$ boede. Der hersker nok ingen tvivl om, at Jens Peter og Jens Larsen mødte hinanden under Jens Peters korte besøg i Amerika. Måske blev Jens Peter ligefrem sendt afsted for at opsøge Jens Larsen. Under alle omstændigheder må både Kirsten og Jens Nielsen have vidst, hvor i Amerika Jens Larsen opholdt sig.

Når det fortælles i den amerikanske familie, at Kirsten aldrig hørte fra sin mand og troede ham død, så beror denne historie formentlig på, at hun overfor omverdenen skjulte sit utroskab med Peder Nielsen.

Af kirkebøgerne ved døtrene Ane Johanne Wilhelmines$_{5,i}$ og Ane Maries$_{16}$ henholdsvis dåb i 1873 og fødselsregistrering i 1875 blev Peder Nielsen udlagt som barnefader, da Kirsten jo stadig på det tidspunkt var gift med en anden.

I folketællingerne 1900 og 1910 oplyste parret, at de havde været gift i henholdsvis 26 og 37 år, hvilket indebærer, at de skulle være blevet viet i 1874 eller 1873. I Peders nekrolog nævnes, at parret blev gift i 1870.

I Amerika fik Kirsten og Peder yderligere seks børn, så familien bestod i 1886, da deres yngste blev født, af hendes tre sønner fra ægteskabet med Jens Larsen samt hendes i alt otte børn med Peder.

Da Peder døde i 1921, fremgår det af hans nekrolog, at han havde *ni* børn og to stedsønner; den ældste af hans børn var *Niels Peter*$_{A,d}$, der blev født i 1871 som søn af Kirsten og Jens Larsen. Denne oplysning fortæller således, at til trods for at Jens Larsen$_A$ i kirkebogen stod registreret som far til Niels Peter, så var det Peder, der var den biologiske far. Dette forhold var efter al sandsynlighed dråben, som fik bægret til at flyde over for Jens Larsen, og det der gav stødet til hans udvandring til Amerika i 1872.

Oplysningerne i folketællingerne og i Peders nekrolog vedrørende året for deres ægteskabs indgåelse var sikkert et forsøg på at dække over, at deres børn født i Danmark ikke var født i deres ægteskab.

Da Peder og Kirsten rejste til Amerika i 1875, stod han registreret i de danske udvandrerprotokoller med sit eget navn og Kirsten og alle hendes medbragte børn med hendes efternavn *Andersen*. Normalt rejste ægtepar under mandens efternavn. Kirsten stod benævnt som *separeret kone*. Begge disse oplysninger indikerer, at Peder og Kirsten ved afrejsen fra Danmark ikke var gift.

Ved en gennemgang af Sorø amts separations- og skilsmissebevillinger i årene op til Kirstens udvandring må det konstateres, at Kirsten og Jens Larsen hverken står registreret som separeret eller skilt. Det underbygges af, at Kirsten ingen steder i kirkebogen ved børnefødslerne blev nævnt som andet end *Jens Larsens kone*.

Om Peder og Kirsten senere blev lovformeligt gift, vides ikke, og som det senere vil fremgå i Afsnit 4.3.8, var Peder og Kirsten ikke de eneste i Nielsen-familierne, som bar på en hemmelighed.

4.2.2. Jens Larsen$_A$ og Kirsten Andersens børn

De to ældste af Kirstens sønner Hans$_{A,b}$ og Anders$_{A,c}$, som Jens Larsen var far til, fik ved dåben efternavnet Jensen, og dette beholdt de efter deres emigration, dog i den amerikaniserede form *Johnson*.

Hans og Anders blev hos deres mor og stedfar i nogle år efter udvandringen, hvorpå de flyttede ind hos deres far på hans farm formentlig for at hjælpe ham med driften.

Både Hans og Anders nedsatte sig som farmere, da de blev voksne. I 1900 lå deres

Figur 4.12. Anders Jensen med hustru og fem børn hos fotografen. Foto: Privat eje.

farme som naboer til Peder Nielsen og deres mor i Whitefield. Senere flyttede Hans til Kandiyohi twp., mens Anders blev i Whitefield.

Anders ægtede en danskfødt kvinde, som havde det amerikaniserede navn Jennie. Parret fik syv børn.

Hans giftede sig med en 15-16 år ældre norskfødt enke. I nogle år boede hendes datter sammen med moderen og stedfaderen. Ligeledes husede de andre af enkens familiemedlemmer; en niece samt et barnebarn, som senere blev adopteret af parret. På deres ældre dage afhændede de farmen og flyttede til Willmar.

4.2.3. Niels Peter Jensen[A,d]

Figur 4.13. Niels Peter Jensen som ung. Foto: Privat eje.

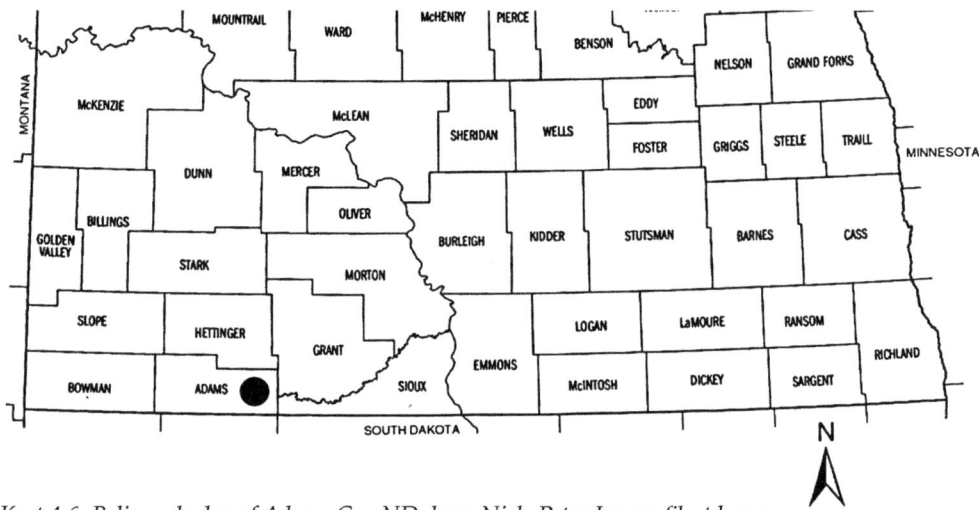

Kort 4.6. Beliggenheden af Adams Co., ND, hvor Niels Peter Jensen fik et home-stead, er afmærket med en prik. Baggrundskort: https:// www.census.gov.

Niels Peter Jensen var ifølge kirkebogen søn af Jens Larsen$_A$ og Kirsten Andersdatter, men det viste sig jo senere, at Peder Nielsen rent faktisk var hans biologiske far.

Som fireårig betrådte Niels Peter sit nye fædreland. Han tilbragte sin barndom med forældrene i Minnesota.

I 1897 giftede han sig med Cecelia, født i Minnesota. De bosatte sig på en lejet farm i Kandiyohi, MN, men da de havde været i gift i nogle år og havde fem børn, besluttede de at flytte fra Minnesota til North Dakota. Der boede de fra 1907 til 1936, hvorefter de flyttede tilbage til Minnesota.

Cecelia skrev sine erindringer om tiden i North Dakota, og efterfølgende bringes refererede uddrag fra disse memoirer.

I juni 1906 tog Niels Peter til North Dakota, hvor han erhvervede sig et home-stead i Wolf Butte, Adams Co. I efteråret samme år tog han tilbage for at bygge en bolig til familien. På grund af den forestående vinter blev familiens endelige opbrud udsat til næste forår. I marts 1907 rejste Niels Peter alene til homestead'et for at gøre de sidste forberedelser til den øvrige families ankomst.

Cecelia forlod Kandiyohi Co. den 30. april 1907 sammen med sine fem børn. De tog toget til Dickinson i North Dakota, hvortil de ankom sent om natten den næste dag. Herefter gik turen videre med vogne de sidste 60 miles mod syd. De gjorde holdt for natten i New England, og startede tidligt næste morgen for at nå frem til Wolf Butte inden aften.

Deres første bolig på farmen var gravet ind i jorden. Væggene var beklædt med tørv, og taget bestod af brædder dækket af tagpap, som blev holdt på plads af tørv.

Indenfor var der trangt; lige akkurat plads til et komfur, et skab, et lille rundt bord og to stole. Hele familien sov udenfor i telte. Hestene havde ikke et sted at søge ly, så de blev dækket af de medbragte tæpper. Prioriteringen var klar. De viklede tæpperne om hestenes kroppe til værn mod kulden. Familien kunne klare sig uden tæpper, men de kunne ikke klare sig uden heste.

I løbet af sommeren blev tørvehytten udvidet, og den udbyggedes igen den næste sommer. Men der gik hele ni år, før der blev råd til at bygge et rigtigt hus.

Der kom ingen afgrøder det første år bortset fra kartofler, og hvad der kunne dyrkes i haven. Den var en tidligere fårefold, så jorden var frugtbar og vel gødet.

Som årene gik, blev jorden dyrket op, og afgrøderne kom i hus, men familien sloges med elementerne og insekterne. De oplevede også misvækst, samt sygdom og død indenfor familien. De fik to børn, mens de endnu boede i tørvehytten, og den yngste af dem døde i 1919.

1915 havde været et godt år, så de besluttede sig for at bygge et rigtigt hus det næste år, men rust ødelagde afgrøden. Alligevel lykkedes det dem at udføre planerne, og i 1916 kunne familien langt om længe rykke fra tørvehytten til et nybygget træhus.

Der var ingen skole i nærheden, men da problemet med den manglende mulighed for skolegang for børnene trængte sig på, slog et par farmere sig sammen, byggede en tørvehytte og engagerede en lærer. Skolegangen begrænsede sig dog til 2½ måned forår og efterår. I 1908 opførtes en ny skolebygning af træ, og skoleforholdene blev herefter mere organiserede.

En af de helt store oplevelser i de første år var, da familien for første gang hørte togfløjten i det fjerne. Det var overordentligt vigtigt at have jernbanen tæt ved især af

Figur 4.15. Syv af Niels Peter og Cecelias Jensens børn hos fotografen. Fra venstre Florence, Ethel, Bessie (bagerst), Mabel, Walter, Rueben og Lester. Foto: Privat eje.

hensyn til afsætningsmulighederne for farmerne. Derfor var det en stor dag, da hele familien i oktober 1907 stod samlede udenfor huset, da togfløjten lød.

I 1920 solgte Niels Peter farmen og familien flyttede til den nærliggende by Bucyrus. Niels Peter fik her arbejde i firmaet *Farmers Elevator*, ligesom også hans ældste børn begyndte at tjene deres egne penge. Den ældste datter blev gift, og de tre yngste startede på high school.

Figur 4.16. Niels Peter Jensen var County commissionair, da man besluttede sig for at bygge et nyt court house i Bucyrus. Her ses han med spaden sammen de øvrige kommissærer J.E. Bales, A.J. Fordahl og L.M. Howell, da det første spadestik blev taget. Foto: Privat eje.

Niels Peter involverede sig i det lokale samfund. Han var county commissionair i Adam Co.'s 3. distrikt fra 1922-34, og inden da havde han i adskillige år beklædt posten som supervisor for Wolf Butte twp.

I 1930'erne var der lange tørkeperioder, og det blev næsten umuligt at opretholde livet som farmer eller i erhverv tilknyttet landbruget, som Niels Peter var det. Så i 1937 besluttede Niels Peter og Cecelia at flytte tilbage til Minnesota. Alle børnene på nær en søn, som var blevet gift og havde etableret sig som elektriker, tog med forældrene tilbage.

Niels Peter og Cecelia bosatte sig i Willmar, Kandiyohi, hvor de blev til deres død.

Vi har ikke glemt de gode naboer, vi havde til alle sider, eller de glade stunder, og jeg tænker stadig på North Dakota som vores hjemstat. Sådan slutter Cecelia sin erindringer.

4.2.4. Ane Johanne Vilhelmine Nielsen$_{5,i}$

Datteren Ane Johanne Vilhelmine giftede sig sidst i 1890'erne med barberen Howard M. Clark. Han var født i Minnesota af canadiske forældre.

Omkring 1905 døde Howard, og Ane Johanne blev ladt tilbage med fem børn, som hun skulle forsørge. Hun oprettede et pensionat, som faktisk havde en ret stor kapacitet. Ved folketællingen 1910 havde hun fem pensionærer boende foruden sin søster Ane Marie$_{16}$ med to børn samt broderen Charles$_{19}$, som begge gav en hjælpende hånd til i pensionatet.

Af folketællingen 1920 ses det, at Ane Johanne havde giftet sig igen. Ægtemanden, den danskfødte malermester N.P. Jørgensen, sad ved ægteskabets indgåelse i enkestand ligesom hun.

Figur 4.17. Bryllupsbillede af Ane Johanne Vilhelmine Nielsen og hendes anden mand N.P. Jørgensen. Foto: Privat eje.

Figur 4.18. Ane Johanne i forretningen til sit pensionat sammen med broderen Charles og søsteren Ane Marie.
Da Ane Johanne giftede sig med N.P. Jørgensen, blev pensionatet nedlagt, og hendes søster Ane Marie flyttede med børnene hjem til sine forældre.
Foto: Privat eje.

4.2.5. Ane Marie Nielsen[16]

Datteren Ane Marie blev gift med den norskfødte Martin Haagen. Han døde i en ung alder og efterlod hende med to småbørn. Hendes forældre trådte hjælpende til i den sørgelige situation og tilbød hende og børnene husly. Senere flyttede Ane Marie hen til sin søster Ane Johanne[5,i] på det pensionat, som hun havde oprettet, da hun blev enke. Her fik Ane Marie både bolig og arbejde, så hun kunne forsørge sig selv og sine børn.

Som fortalt ovenfor blev pensionatet nedlagt, da søsteren giftede sig, hvorefter Ane Marie igen fik husly og ophold hos forældrene. Denne ordning varede ved, indtil Ane Marie giftede sig med snedkeren David Albert Peterson, som var født i Minnesota af svenske forældre.

Figur 4.19. Ane Marie som ung.
Foto: Privat eje.

Figur 4.20. Bryllupsbillede af Ane Marie Nielsen og Martin Haagen tv. samt bryllupsbillede af hende og hendes anden mand David Albert Peterson th. Fotos: Privat eje.

4.3. Familien Niels Nielsen₄ og Kirstene Madsdatter

I 1884 udvandrede Niels Nielsen og hans kone Kirstene Madsdatter med deres syv børn: Christian Julius, Marie Kerstine Elisabeth, Hanne Amelia, Anna Frederikke, Niels Anton, Kristine Sofie og Karen Marie Nielsen₄,ᵢ₋ᵥᵢᵢ . Familiens destination var *Dakota*, hvilket formentlig betød, at de rejste til Springdale, Roberts Co., hvor hans bror Jens₂ på det tidspunkt var bosat.

Niels og Kirstenes barnebarn Doris[23] kunne som voksen ikke fortælle meget om sine bedsteforældres liv – ikke andet end hvad hun *havde hørt af historie fortalt på bedstefars skød. … Så kom de til South Dakota. De rejste videre til et homestead i Canada, men fandt livet på prærien for hårdt, så de tog tilbage til South Dakota, og senere tog de vestpå.*

Eventyret i Canada blev af kortere varighed. Allerede i 1888 var de tilbage i Springdale, hvor deres ottende barn Ida Hansine₁₅ kom til verden.

I Springdale fik Niels et homestead på 160,76 acres. Det var et sammenhængende jordstykke, som dels var beliggende i sektion 5 i Osceola, Grant Co. og dels i sektion 32 i Springdale, Roberts Co. Den 24. jul. 1894 havde han indfriet sine forpligtelser, hvorfor han fra denne dato var ejer af farmen. Overragelsesdatoen vidner om, at han senest i sommeren 1889 fik dette homestead[24].

I år 1905 boede han og familien stadig på hans homestead, men kort før 1910

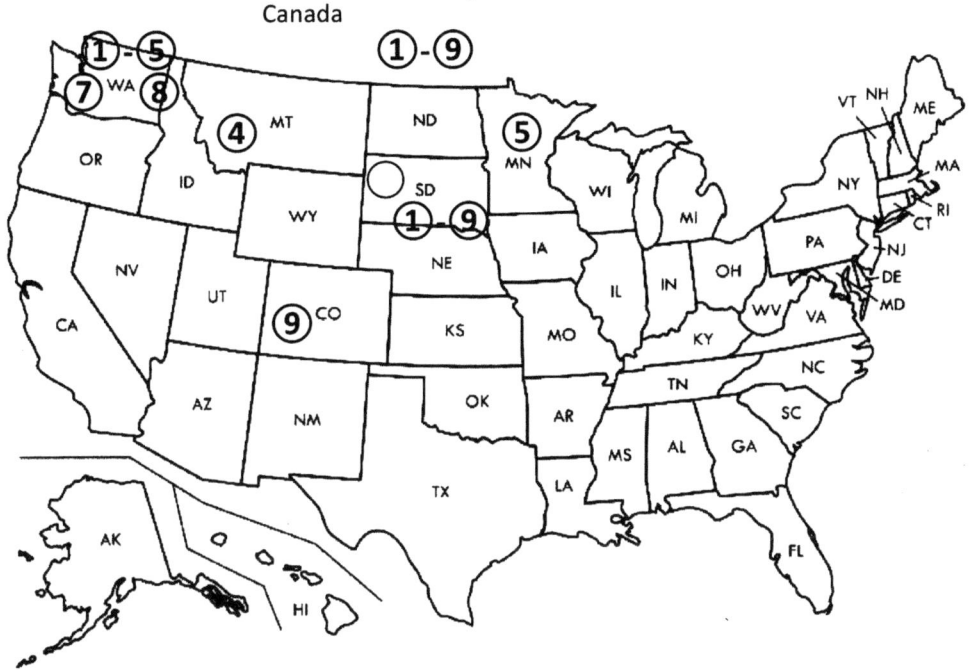

Kort 4.7. Kortet viser familien Niels Nielsens destination ved udvandringen (åben cirkel) samt famili-
ens senere opholdssteder i Amerika (cirkler med numre): 1-2 Niels Nielsen og hans hustru,
3-9 deres syv medbragte børn. Baggrundskort: http://www.freeusandworldmaps.com.

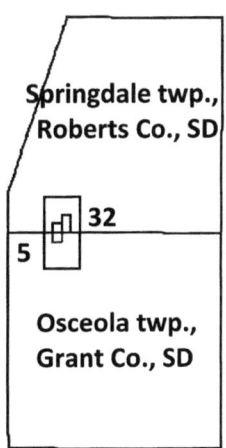

Kort 4.8. Beliggenheden af Niels Nielsens homestead i sektion 32
Springdale, Roberts Co. og i sektion 5 Osceola, Grant Co., SD.
Kilde: https:// glorecords.blm.gov.

Kort 4.9. Beliggenheden af Pierce Co. og Snomish Co., WA, hvor flere medlemmer af familien Niels Nielsen₄ bosatte sig. Baggrundskort: htpps:// www.census.gov.

brød han og hans kone op fra South Dakota og flyttede til staten Washington. De valgte uden tvivl at flytte dertil, da børnene begyndte at flytte hjemmefra og spredes. Niels købte en bærfarm i Puyallup Valley, Pierce Co., som var i samme township, hvor hans datter Marie$_9$ var bosat og samtidig nær ved datteren Anna$_{11}$, der boede i samme county. Kort tid efter ankom datteren Kristine$_{13}$ til Washington, og også hun bosatte sig i Pierce Co. Niels havde således hele tre døtre omkring sig, da hans hustru Kirstine døde i 1913.

Samme år og i en alder af 74 år fik Niels efter ansøgning tildelt den såkaldte *Hædersgave*, som var en livslang pension for krigsveteraner fra krigen i 1864. Beløbet var på 100 kr. årligt, hvilket var mange penge dengang. 100 kr. i 1913 svarer til omkring 6.000 kr. i nutidens Danmark, så det var et godt tilskud til økonomien i hans alderdom.

Efter hustruens død ser det ud til, at datteren Hanne$_{10}$, som ellers boede i Montana med sin mand og nyfødte søn, blev tilkaldt. Hun havde alle årene, indtil Niels og hans kone flyttede til Washington, boet hjemme hos forældrene, og hun var måske

Figur 4.21. Niels Nielsen deltog som tidligere nævnt i krigen 1864. Mens han var i tjenesten, blev der taget et billede af ham, og dette fotografi var måske Niels Nielsens kæreste eje og minde fra Danmark. Han bragte det med til Amerika og beholdt det til sin død. Da han ansøgte om Hædersgaven, skrev han, at han havde mistet alle sine danske papirer. Men billedet havde han endnu.

I hans nekrolog blev dette billede indsat i hjørnet af et nyligt taget billede af ham; en flot ældre herre med skaldet isse og et stort, hvidt og busket fuldskæg.

den eneste af børnene, som dels var vant til som voksen at bo under tag med sin far og dels følte en slags ansvar for ham. Hvor om alting er, så flyttede Hanne straks efter moderens død med sin familie fra Montana til Washington, hvor hun fik sin far boende.

Som fortalt ovenfor boede hans anden datter Kristine[13] med sin familie i nærheden af sin far, og Kristines datter Doris kunne fortælle til sin niece, at *oldefar boede sammen med tante Hanna, fra oldemor døde, og indtil han døde. Så det var 21 år.* Doris var en ung pige, og hendes familie bestod af hendes forældre og otte søskende. De boede i Sumner, og hun huskede, at *hver søndag gik oldefar to mil til en luthersk kirke til gudstjeneste, og derefter gik han to mil videre til vores hjem. Han tilbragte hver søndag hos os, hvor han fik mad og spillede kort hele dagen. Når det var tid til at komme hjem, kørte vi ham tilbage.*

Niels boede hos Hanne til sin død i 1934. Han blev lige akkurat 95 år gammel – han døde nemlig på sin fødselsdag.

4.3.1. *Christian Julius Nielsen*[8]

Niels Nielsens ældste søn Christian Julius Nielsen fik et meget broget liv. Han blev født i 1869 ind i en fattig familie, hvor faderen forsørgede den voksende familie som husmand, stenhugger og træskomad. Som 15-årig blev han ført over Atlanten til et ukendt land med et fremmed sprog. En helt ny verden lå åben for ham, og de muligheder, som Amerika tilbød, brugte han i sin voksentilværelse til at skabe sit eget liv, sin egen familie og sin egen virksomhed på godt og ondt. Som en øjensynlig tilfreds mand lukkede han sine øjne i 1966 - 96 år gammel - men hans liv havde set med en udenforståendes blik ikke været en dans på roser.

To skrivelser, som jeg er kommet i besiddelse af gennem efterkommere i USA, afslører meget om Christians personlighed og livsførelse, om familiehemmeligheder, tabuer mm. Det drejer sig om erindringer skrevet i 1980 af hans datter Minnie$_{8,iii}$ til to niecer Nella og Emma Lou, som var børn af hendes bror Nels Theodore Jydstrup$_{8,i}$. Den anden skrivelse er et brev fra førnævnte Nella til broderen Doug dateret i 1992.

Den 22. december 1980 skrev tante Minnie et brev til sine to niecer, hvor hun blandt meget andet fortalte om sine minder fra barndommen. Anledningen til brevet var, at hun havde været til sin halvbror Charles Albert Jydstrups$_{8,vii}$ begravelse, og som hun skrev, *er det kedeligt, at familien kun ses ved begravelser*. Der havde hun fået en bibel, som mentes at have tilhørt hendes far. Imidlertid fandt hun ud af, at det ikke var tilfældet, men at bibelen egentlig var en gave fra ham til datteren Gladys Jydstrup$_{8,vi}$, en halvsøster til Minnie.

Foran i bibelen havde Christian skrevet, at han kom fra Jydstrup, Danmark, og Minnie fortalte, at bedstefar Jydstrup egentlig hed Niels Nielsen, men tog navnet på sin hjemby, da han kom til Amerika. *Det var helt sikkert ikke det mest almindelige navn i denne verden*, var hendes kommentar.

Da hun ønskede at overlade bibelen til en datter af sin afdøde halvsøster, fik hun kontakt til sine niecer, og de opfordrede hende øjensynligt til at fortælle familiens historie - en opgave hun gerne tog på sig, da hun mange gange igennem sit liv havde overvejet at skrive sine barndomserindringer. Det var aldrig blevet til noget, og i 1980 følte hun sig for gammel, da hun mente, at hendes memoirer ville komme til at fylde en hel bog.

Nedenstående beretning hviler på eksakte data samt på Minnies erindringsbrev og brevet fra Nella til Doug, der blev omtalt ovenfor. I de to skrivelser henvises der til en række familiemedlemmer, som for forståelsens skyld uddybes i Tabel 4.1.

Christian fik som meget ung et helt homestead på 160 acres beliggende i Farmington, Grant Co. sydvest for hans fars gård. Homestead'et fik han overdraget til eje i 1901[25].

I 1897 havde han giftet sig med en norsk kvinde ved navn Lena Thorsen. De bosatte på en lejet gård i Springdale, Roberts Co., selvom han på det tidspunkt havde homestead'et i Farmington. Måske ventede han bare på at få dette homestead godkendt til eje, så han kunne sælge det. I 1905 boede de på en farm i Kilborn, Grant Co.

Til trods for at Lena led af kronisk nyrebetændelse, fødte hun fire børn, Nels, Melvin, ovenfor omtalte Minnie samt Clara. Lidelsen forårsagede hendes død i 1907 i en alder af bare 27 år. På det tidspunkt var børnene mellem 1 og 6 år, og tilmed havde de i flere år haft en plejesøn Charles Franklin Jydstrup$_{10,i}$ boende. Ham vendes der tilbage til i afsnit 4.3.8.

Tabel 4.1. Navne eller betegnelser på samt indbyrdes familierelationer mellem personer nævnt i Minnies erindringsskrivelse og brev fra Nella til Doug.

Navn i memoirer	Navn	Familiemæssige relationer
Charlie	Charles Albert Jydstrup$_{8,vii}$	Søn af Christian Julius Nielsen og Sophia Gerdes
Chris	Christian Julius Nielsen$_8$	Minnie Jydstrups far
Clara	Clara Jydstrup$_{8,iv}$	Datter af Christian Julius Nielsen og Lena Thorsen
Doris	Doris Jydstrup	Datter af Kristine Sofie$_{13}$, Christian Julius Nielsens søster
Fred	Fred Leroy Jydstrup$_{10,ii}$	Søn af Hanne Amelia Nielsen og Niels Nielsen
Gladys	Gladys Jydstrup$_{8,vi}$	Datter af Christian Julius Nielsen og Lena Thorsen
Irene	-	Datter af Sophia Gerdes gift med Christian Julius Nielsen
Melvin	Melvin Charles Jydstrup$_{8,ii}$	Søn af Christian Julius Nielsen og Lena Thorsen
Minnie	Minnie Jydstrup$_{8,iii}$	Datter af Christian Julius Nielsen og Lena Thorsen
Nels	Nels Theodor Jydstrup$_{88,i}$	Søn af Christian Julius Nielsen og Lena Thorsen
Ole	Ole Pederson$_{8,iii}$	Minnie Jydstrups mand
Thorsen	Thorson	Minnie Jydstrups morforældre
Onkel Charlie	Charles Franklin Jydstrup$_{10,i}$	Søn af Hanne Amelia Nielsen og Niels Nielsen
Onkel Fred	Fred Leroy Jydstrup$_{10,ii}$	Søn af Hanne Amelia Nielsen og Niels Nielsen
Onkel Tony	Niels Anton Nielsen$_{12}$	Bror til Christian Julius Nielsen
Tante Grace	-	Det vides ikke, hvem hun var
Tante Hanna	Hanne Amelia Nielsen$_{10}$	Søster til Christian Julius Nielsen

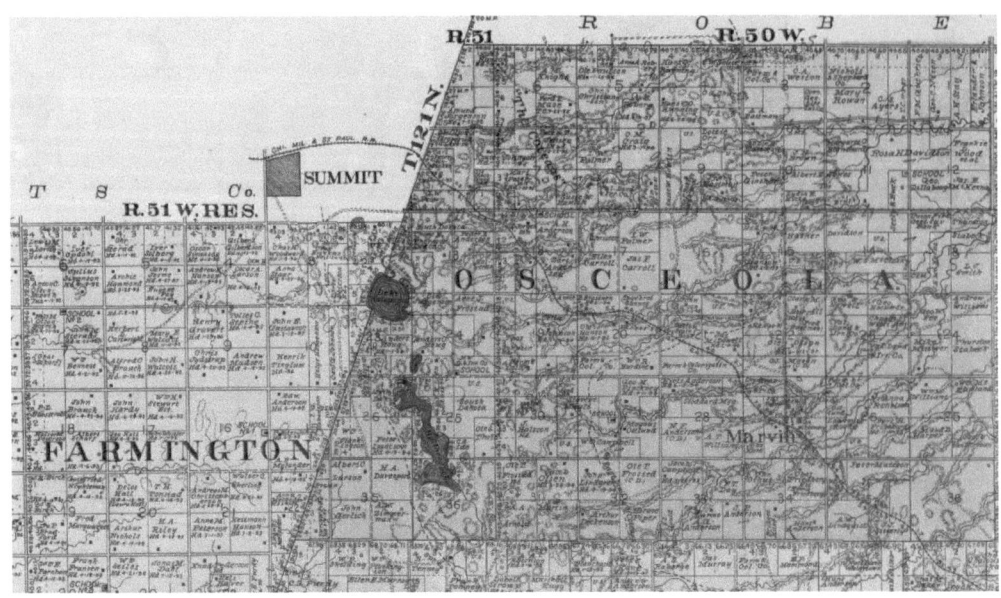

Kort 4.10. Udsnit af kort over Grant Co., SD hvor Christian Julius Nielsen står opført med navnet Chris Jydstrup på en farm i det sydvestligste hjørne af sektion 9 i Farmington twp. På samme kort ses Niels Nielsens farm i Osceola sektion 5. Kilde: Peterson, E. Frank. Map of Grant County, South Dakota: Compiled and drawn from a special survey and official records. Vermillion, S.C.: Frank Peterson, 1899. Map. https:// www.loc.gov/item/2012593115/.

Omstændighederne ved moderens død og de efterfølgende problemer i familien beskrev datteren Minnie således: … *Jeg har holdt en pause i skriveriet og har lavet et slags genealogisk familietræ. Hver gang jeg læser eller skriver det, tænker jeg på, at det ikke var noget under, at vores mor døde allerede i en alder af 27 år. Med Brights disease[26] og fire børnefødsler hver 15. måned. …*

Far og mor var taget med os børn til jul hos bedstefar og bedstemor Thorsen. Mor var i et fremskredent stadie af Brights disease, og hun blev mere syg, mens vi var der. De boede på landet, og far og onkel Tony havde en elevatorvirksomhed i Summit. Så mor blev i seng hos sine forældre, indtil hun døde den næste oktober. I al den tid var vi tre ældste søskende, Niels, Melvin og jeg, der. Clara blev passet af hos tante Grace i Summit, fordi det var for meget for bedstemor både at se efter vores syge mor og en baby. Det virkede som om, far kom godt ud af det med bedstemor Thorsen, og far fik denne Sophie Gerdes til at holde hus for sig og havde i sinde at tage os hjem. Men Thorsens ville ikke lade os gå, og far og Thorsens gik i retten. Bedstemor Thorsen fik forældremyndigheden over os. Bedsteforældre var nærmere end en husholderske.

Far giftede sig med hende [Sophia Margaret Gerdes] *ti måneder efter hans første kones død, og bedstemor var tvunget til at opgive os. Så vi blev bragt hjem til et liv som helvede på jorden. …*

I august 1908 giftede Christian sig således igen. Hans nye hustru hed Sophia Margaret Gerdes Hun var en amerikanskfødt kvinde med en hollandsk far og en tysk mor, og hun havde ved ægteskabets indgåelse en datter, Irene, fra et tidligere forhold.

Minnie fortsatte: *… Hvis ikke jeg fortæller min version af historien, vil I aldrig forstå. Nej, der var aldrig en morder eller lignende i familien, men hvis ikke Gud havde beskyttet os, kunne der have været en…*

Øjensynligt tog far ikke det spirituelle alvorligt. Skønt hans vielse var borgerlig, havde han stærkt lutheranske svigerforældre, og vi børn blev døbte straks efter fødslen. Ikke at det hjalp os, men det viste, at mor levede efter sin overbevisning. …

Thorsens var meget religiøse, så de lærte os norske bønner og lignende, og jeg tror virkeligt, at det fik en stor indflydelse på mit liv og det faktum, at jeg blev en kristen, da jeg hørte evangeliet. Jeg er sikker på, at bedstemor Thorsen elskede os og gjorde alt, hun kunne, for os. … Hun fortalte os, at Gud havde taget vores mor væk. Vi vidste ikke en eneste ting om Gud bortset fra, at han var en anden mand i en anden by. Hvis I kunne se mig nu, ville I vide, at det ikke er sjovt at skrive disse ting ned, som er sande. Jeg mindes tydeligt, hvordan Nels, Melvin og jeg fik en ambition, mens vi voksede op, og det var at finde ud af, hvor Gud (denne mand, som havde taget vores mor fra os) boede, og vi havde i sinde at forlade vores stedmor og gå tilbage til vores egen mor. Clara kendte ikke til vores planer, og det skabte en dyb kløft mellem hende og os. Clara troede, at vores stedmor var hendes rigtige mor, fordi vores stedmor opdrog Clara som sit eget barn, mens hun behandlede os som, jeg er lige ved at sige, herreløse hunde, og bestemt ikke, som om vi havde ret til at være der.

Efter indgåelsen af sit andet ægteskab flyttede han med sin nye kone, hans børn og hendes datter til et hus, som han havde købt. Plejesønnen Charles boede ikke mere hos ham, men i stedet havde de taget hans bror Fred Leroy Jydstrup[10,ii] til sig. Også han omtales nærmere i Afsnit 4.3.8. Huset lå i Summit, Roberts Co., og fra dette drev han en forretning, som udlejede med kornelevatorer.

Omkring 1912 flyttede Christian med hele sin familie til Canada, hvor han fik et homestead samtidig med, at han fortsatte forretningen med elevatorerne[28]. Han var sjældent hjemme, så familien måtte mere eller mindre klare sig selv på farmen. Og familien voksede støt. Sophia Gerdes fødte ham seks børn, hvoraf en var dødfødt. Der var således 10 børnemunde at mætte. Derud over boede den unge mand Fred Leroy Jydstrup stadig sammen med familien.

Videre i sine erindringer beskrev Minnie livet på farmen, forholdet til sin stedmor, som hun dog visse steder i brevet kaldte *mor*, hendes fars liv som far, ægtemand og forretningsmand, hans drukkenskab, hans forretnings fallit, og hun berettede indgående om sine egne oplevelser i forbindelse hendes fjernelse fra hjemmet, sygdom og skolegang samt forholdet til sine søskende.

Figur 4.22. Christian Julius Nielsens børn
Nels (bagest), Melvin og Minnie, mens de
endnu var glade småbørn. Foto: Privat eje.

Vi var så fattige den første tid i Canada. Vi sultede næsten til døde. Da vi ikke var frelste, var vi ikke helgener og blev særligt mishandlede. Vi voksede op med en bitter attitude, helt sikkert forbitrede af livet. ...

Far var aldrig hjemme. Han udlejede elevatorer overalt, hvor der blev høstet. Far boede i byen dressed up, og når han kom hjem, blev livet som en honeymoon. ...

Far elskede børn, og hans intentioner var altid gode. Han havde altid et barn på armen, når han var hjemme. ... Hun ammede babyerne, indtil de kunne gå og tale. Det var hendes eneste form for prævention. ...

Da vi tre blev ældre lærte vi ting og sager. Hvis hun ikke havde en baby, når far kom hjem, kunne vi tælle os frem til, hvornår den næste baby kom, og vi regnede aldrig galt. ...

Vores far havde aldrig gået i skole. Han stavede ordene præcis, som de blev udtalt. Minnie – Mine, there – thr osv. Men han var selvlært på anden måde og kunne betjene en elevator og kunne købe korn, men kunne heller ikke meget andet. Jeg så ham aldrig malke en ko eller gøre andet arbejde på farmen. ... Hun gik barfodet ud og malkede 8-9 køer, kom ind og skummede fløden fra. Fløden blev solgt, og vi levede af skummetmælken. Vi fik 2,25-2,40 dollars for en kande fløde. For det købte vi tobak og to flasker spiritus. Og resten var til mad og klæder til hele familien. ...

Mange år efter, at jeg var blevet gift og boede her i Saskatchevan, kom far og besøgte os. Ole tog i byen og købte mel og sukker. Far spurgte, hvad der var i sækkene, som Ole kom hjem med. "Sukker og mel", sagde jeg. Han sagde: "Sukker. I sådan en stor sæk." Mor [stedmoderen Sophia Gerdes] var stadig levende på det tidspunkt, og jeg sagde til ham: "Vil du skræmme mor til døde, så giv hende 100 pund sukker". "Hun har alt. Frugten hænger udenfor vores dør, og der bliver aldrig syltet." Jeg sagde: "Hun kan ikke sylte, når du aldrig køber sukker til hende."

Hun forlod aldrig farmen og havde kun, hvad far bragte hende, hvilket aldrig var nok til den store familie, han havde. ...

Tante Hannah plejede at sende os tøj, men hendes familie fik altid det hele. ... Nu hvor det er jul, kan jeg ikke lade være med at tænke på, hvordan julen formede sig i Chris Jydstrups hjem. Jeg har hørt min stedmoder fortælle ham, at vi børn trængte til tøj og skulle have noget til jul. Han tog til byen og fik en hel rulle gråt flannel eller brunt klæde eller andet, som ikke ellers kunne sælges. Vi fik skørter, nattøj og andet, som gråt flannel og brunt klæde kunne bruges til, så langt stoffet rakte. Selvfølgelig fik de andre syet tøj af det dejlige stof, som tante Hannah sendte, men kun indtil Nels skrev til hende ikke at sende mere, fordi Clara og jeg ikke fik det. ...

Vi forlod alle hjemmet. Jeg husker, som var det i går, da Nels rejste. ... På det tidspunkt, var Gladys en sød lille tingest, som elskede at suge æg. Vi var behandlede som voksne og måtte arbejde som sådanne. På det tidspunkt var vi ved at bygge et tørvehus til kyllingerne. Melvin og jeg slæbte tørv, mens Nels byggede. Tørvene vejede lige så meget som mig selv. Vi løftede tørvene op til Niels på taget. I mellemtiden sugede Gladys æg, og vores stedmor greb en poppelkvist og slog Nels bagi, og det var det, som vi siger i dag.

Nels forlod hjemmet i vrede. Han fik arbejde, og tog tilbage til USA til [onklerne] Fred og Charlie. ... Fred var flyttet til Idaho, og Nels tog derned, hvor han mødte jeres mor, giftede sig med hende og startede sin familie. Vi så ikke Nels i 19-20 år eller hørte fra ham, indtil Ole og jeg tog derned. Nels kontaktede mig og skrev, men han bad mig aldrig at lade familien vide, hvor han var, eller hvad han lavede. ...

Hændelsen under bygningen af tørvehuset fik åbenbart også den virkning, at Minnie blev fjernet fra hjemmet.

Jeg havde tuberkulose, og havde det ikke været for den gode Gud, ville jeg ikke have været her i dag, og kunne fortælle dette. ... Guvernøren tog mig væk og sendte mig på hospitalet i Edmonton til behandling for min tuberkulose. Her havde jeg en kristen sygeplejerske, og jeg blev frelst på hospitalet på min 16-års fødselsdag. ...

I de canadiske folketællinger 1916 står Minnie opført to steder: Dels hjemme hos faderen og familien og dels hos en plejefamilie. Siden hun også var noteret som boende hjemme, tyder det på, at Chris ikke helt havde accepteret, at hans datter blev fjernet fra hjemmet.

Jeg kom hjemmefra som ti-årig og opvoksede i en politibetjents hjem i Provost. Der fandt jeg ud af, at min far drak. Han plejede at komme fuld hjem sovende i vognen. Melvin gik ud og spændte hesten fra, og ved hjælp af os ældre børn slæbte han sig ind, og vi lagde ham i seng. Og vi børn troede, at han sled så hårdt i det og kom helt udmattet hjem. Vi ældste børn vidste, at pengene forsvandt et eller andet steder hen, men vi vidste ikke hvorhen. ...

Jeg kom aldrig i skolen før guvernøren tog mig væk. Jeg måtte blive hjemme og stakke hø og halm etc. Jeg vejede kun 87 pund, da jeg som 17-årig blev gift, så I kan forstå, at jeg ti år før ikke kan have været ret stor. Men Mama sagde altid, at jeg var for delikat til at gå i skole. ...

Nels og jeg var de eneste i familien, som gennemgik 8. klasse. Da jeg blev taget væk og kom til politibetjenten, fik jeg lov til at gå i skole. Læreren havde stor tålmodighed med mig, da jeg var så syg og først havde startet i skole i en alder af elleve år. Jeg indhentede Nels i 7. klasse, men han forlod skolen, tog til Camrose og fortsatte på et kursus. Ser I, både Nels og Melvin måtte ud at arbejde og tjene deres egne penge og fik derfor kun nogle få måneders skolegang om året. Da Nels (for anden gang) tog til USA, ønskede han at bygge sit eget hus, men *far hævede hans løn og købte foder for pengene. Han gjorde det samme med mig. Han solgte en hund, som jeg havde fået for at levere mælk for en nabo. Gammeldags. Far ejede alt....*

Efter Minnie blev omvendt og førte et kristent liv, blev hun øjensynlig også meget eftertænksom. Hun forsøgte at forstå sin stedmor, og den situation hun havde været i, og det lykkedes åbenbart Minnie at slå sig til tåls med sine opvækstvilkår og tilgive sin stedmor.

I sandhed var tingene anderledes dengang. Jeg havde nok ikke været anderledes end min stedmor, hvis jeg havde været i hendes sko. 11 munde at føde. Hele tiden meget lidt eller intet til at putte i dem. Far drak og røg og tyggede tobak og gik rundt klædt som en forretningsmand. Og der var vi på det nytteløse homestead. Jeg tænker på, hvor lykkelige og kærlige vi ville have været, hvis vi havde været hende og hun os.

Efter jeg blev frelst og læste om dæmonbesættelse, kunne jeg forstå min mor [Sophia Gerdes]. Hun skældte mig ud for alt muligt for kun en time senere at græde og sige: "Hvad gjorde du, som fik mig til at gøre, hvad jeg gjorde?" Nej, Gud tilgav mig og ville have gjort det samme for dem. De var blot syndere, som Gud ikke tilgav.

Jeg behøvede ikke at komme hjem, efter jeg blev taget væk, men efter jeg blev frelst, tog jeg alligevel hjem og fortalte min stedmor, at jeg var ked af alt det, jeg havde gjort, og som jeg ikke skulle have gjort, og at jeg havde tilgivet hende. Hun sagde: "Minnie, du har ret, men dine bedsteforældre og forældre var lutheranere og vil vedblive med at være lutheraner", og jeg svarede: "Jeg vil ikke følge mine døde slægtninge til helvede." Som jeg sagde, det var et hjem uden Christus. Vi måtte dog ikke bande. Gosh og Damn var bandeord. Det værste, jeg hørte min far sige, var Holy Lightning. Jeg så aldrig en bibel eller hørte en bøn hjemme. Jeg fandt ud af, at uden Christus, kontrollerer Satan os og har overtaget. Intet under at vi børn irriterede hende i bevidstheden om, at hun ikke var vores mor.

Måske, hvis vi blot havde accepteret hende som vores mor, ville ting have været anderledes. Men vi tre ældste børn harmedes forfærdeligt over Irene og nægtede at adlyde hende. Vi vidste, hun ikke var en Jydstrup. Men alle bliver ældre. Da Irene voksede op, var hun også ked af det og ville have ændret tingene, hvis hun havde kunnet. Jeg tog hende til byen og lærte hende at arbejde og sendte hende i skole i fem år.

Engang sagde hun, at jeg måtte hade hende, men jeg svarede, at jeg ikke hadede hende. Da jeg selv var blevet tilgivet af Gud, tilgav jeg også hende, vel vidende at hun ikke havde vidst bedre.

Irene var mere begavet end nogen af os Jydstrup'ere. Havde vi alle fået en uddannelse, tror jeg stadigvæk, at Irene var den mest begavede. Hun så godt ud, havde et pragtfuldt hår og en vidunderlig sangstemme. ...

Omkring midten af 1930'rne gik Christians forretning konkurs, og alt blev sat i sønnen Charles Albert Jydstrups[8,vii] navn. Christian og Sophia forlod deres farm og flyttede til hans farm i Thorhild. *Jeg formoder, at forholdene ændrede sig, efter de flyttede til Thorhild, idet alt blev sat i Charlies navn, og far fandt ud af, at han ingenting ejede.*

Mens Christian og Sophia boede i Thorhild, mistede Christian hele to af sine børn på dramatisk vis.

Figur 4.23. Nels Theodore Jydstrup som ung mand.
Foto: Privat eje

En søndag i juni 1938 gik datteren Florence$_{8,ix}$ til en ensomt beliggende hytte 3 miles fra hjemmet. Hun kom tilbage igen for senere samme aften igen at gå ud til hytten for at hente noget, hun havde glemt. Imidlertid vendte hun ikke tilbage, hvorfor hendes bror Charles$_{8,vii}$ dagen efter gik ud for at lede efter hende. Han fandt hende liggende død på hyttens gulv. Hvorfor og hvordan hun døde, og om det var mord, fandt man aldrig ud af.

Året efter begik Christians søn Melvin$_{8,ii}$ selvmord. Minnie betegnede sin bror Melvin som en *gentleman*, og så meget gentleman var han, at han prøvede at camouflere sit selvmord som en ulykke.

Efter Sophias død i 1941 flyttede Christian ind til Edmonton og boede til leje der. *Han havde to kvinder efter hende. Da hun døde, havde far og jeg to forskellige idéer. Han ville ikke begrave hende i en moderne kiste. Vores mor blev begravet i en sort kiste, og han ville have lavet en lignende til hende. Jeg insisterede på at give hende en værdig begravelse. Jeg fortalte ham hensynsløst, hvordan hun havde levet, havde født ham 6-7 børn, at hun var død og fortjente en ordentlig begravelse. Det gik op for mig, at han ikke forstod ....*

Minnies hovedkonklusion på forholdene i barndomshjemmet var hård: *Jeg er sikker på, at vores Jydstrup-hjem var et eksempel på et hjem, hvor Satan regerede.*

Broderen Nels'$_{8,i}$ reaktion på forholdene i hjemmet var at forlade det. Han rejste i vrede tog til Idaho til sine onkler Charles$_{10,i}$ og Fred$_{10,ii}$, hvor han forbød dem og sine søskende at videregive til den øvrige familie, hvor han opholdt sig, og hvad han lavede. Han holdt i et vist mål forbindelse med sine helsøskende, som altså overfor deres far skulle bære på hemmeligheden om deres brors gøren og laden. Det fremgår af Minnies brev, at hun hele tiden havde en eller anden form for kontakt med Nels eller kendte til hans skæbne i USA, efter han forlod hjemmet, og broderen Melvin[8,ii] oplyste i 1922, da han passerede grænsen fra USA til Canada, at han skulle videre til faderen efter et besøg hos sin bror. Nels blev ligesom sine onkler beskæftiget i træindustrien, som havde en vældig opblomstring der. Nels' datter Nella, skrev til sin bror, at hun aldrig havde hørt, *hvordan Charlie[10,i] og Fred[10,ii] og Nels for den sags skyld endte i tømmerhandel. Jeg har læst i en bog, at vesten åbnede, da tømmer-baroner fik stærke skandinaver og åbent søgte efter "dumme svenskere"-typen. Jeg er også blevet fortalt, at man drak disse folk fulde, kidnappede dem og skibede dem herned med tog og holdt dem fangne på turen med oksedrevne vogne. Jeg tror, det var far og mor, som fortalt mig det. Men de kom vel vidende, at der var arbejde for stærke rygge og en fremtid for dem.*

Af Nellas brev til broderen fremgår det, hvordan deres far holdt armene tæt ind til kroppen, når det gjaldt hans egen livshistorie. Nella vidste ikke, at hun havde familie i Washington. Det havde han aldrig fortalt. Onklerne Charlie og Fred kendte hun, men hun vidste ikke, hvordan de var i familie med hinanden og med hende selv. Det søgte hun senere at få rede på gennem sin tante Minnie, ligesom hun og broderen opsøgte andre medlemmer af familien for få svar på de mange uafklarede spørgsmål om deres familie.

Christians niece Doris havde kendt sin onkel som barn, og hendes beskrivelse af ham passer fint med et barns oplevelser af en legeonkel – Christian var jo så glad for børn, som datteren Minnie ovenfor har berettet om. I brevet fra Nella til Doug genfortælles Doris' skudsmål af deres bedstefar samt de følelser, som det fremkaldte hos Nella: *Doris fortalte mig, at vores bedstefar var den sødeste og venligste person. Alle elskede ham. Han var glad og smilende og drilagtig, og Jydstrup'erne havde ham som forbillede. Han elskede at spille kort og alle slags spil. Lige meget hvilket. Mit hjerte sang af vidunderlige minder om vores egen far og de mange gange, hvor vi spillede. Og jeg så for mig hans strålende øjne, mens han ventede på, at det blev hans tur.*

Uanset Christians livsførelse og egenforståelse, så hører med til billedet af ham, at han i nødens stund trådte til og reagerede, da han blev bekendt med forholdene i sit barndomshjem. Han prøvede at hjælpe sin søster Hanne og ikke mindst hendes børn, hvilket vil blive omtalt i afsnit 4.3.8.

4.3.2. Marie Kerstine Elisabeth Nielsen[9]

I en alder af bare 17 år blev Niels' ældste datter Marie gift med amerikaneren William A. Nobles. De blev i South Dakota de første ca. ti år af deres ægteskab. Lidt før år 1900 brød de op og bosatte sig i Everett, Snomish Co., WA. De flyttede en del rundt; de var i Tacoma, Pierce Co. i 1900 og i Puyallup i samme county 1910. Til sidste endte de med at bo i Union, Mason Co., hvor de blev.

4.3.3. Hanne Amelia Nielsen[10]

Efter alt at dømme boede Niels Nielsens næstældste datter Hanne hjemme hos forældrene, indtil de kort før 1910 flyttede til staten Washington.

Til trods for at hun sikkert levede et liv som en slags tjenestepige på gården og i huset, så havde hun nok tænkt over sit liv på længere sigt. Hun havde givetvis drømme om en mere selvstændig tilværelse. Men det krævede penge, og dem kunne hun erhverve sig ved at få et homestead. Som sagt, så gjort. I 1901 fik hun udstedt bevis på, at det homestead, som hun havde haft i de foregående fem år, tilhørte hende.

Hendes homestead var nabo til faderens. Jorden drev hun sandsynligvis ved hjælp af sine to brødre, Christian[8] og Niels Anton[12], og måske hjalp hendes far også til med driften. Broderen Niels Anton boede hjemme hos forældrene, og broderen Christians farm lå i umiddelbar nærhed.

Da hendes forældren lige før 1910 rejste til Washington, solgte hun nok sin egen farm, hvorved hun fik midler til at realisere sine drømme. Hun flyttede fra Springdale til Ashton, Spink Co., SD hvor hun købte en lille butik og startede sin egen virksomhed som modist.

I 1911 solgte hun forretningen, hvilket blev annonceret i den lokale avis. I artiklen fortælles, at hun efter et kort ophold i Bath ville tilbringe vinteren hos sin søster i staten Washington. Hun blev ønsket held og lykke i sin kommende tilværelse, *hvad så end den måtte byde på.*

Hvad der ikke blev fortalt i artiklen var, at hun undervejs til Washington skulle giftes med den 18 år ældre enkemand, lokale sagfører, finansmand og jordspekulant William Seeley Billinghurst. Måske vidste alle i det lille samfund, at hun var forlovet med ham, men det er dog mærkeligt, at en så vigtig begivenhed i hendes liv ikke nævntes i artiklen. Hvorom alting er, så blev de viet den 6. nov. i San Paul, MN.

Parret kom muligvis til en af hendes søstre i Washington for derfra at rejse videre og bosætte sig i Montana. Her blev deres eneste barn Charles født i 1913.

Samme år døde hendes mor 20 havde de forladt Montana og boede i Tacoma, Pierce Co., WA, hvor hendes far var flyttet ind hos dem, efter han var blevet alene.

Kort 4.10. Beliggenheden af Hanne Nielsens homestead i sektionerne 32 og 33 i Roberts Co., SD.
Kilde: https:// glorecords.blm.gov.

Han boede hos hende i hele 21 år, indtil han døde i 1934. Hun var øjensynlig den type datter, som følte ansvar overfor sine forældre på godt og ondt og uanset, hvad hun blev budt fra deres side, hvilket der vendes tilbage til i Afsnit 4.3.8.

4.3.4. Anna Frederikke Nielsen$_{11}$

Niels Nielsens datter Anna blev ligesom storesøsteren Marie gift i en meget ung alder. Som bare 17-årig fik hun sit første barn med ægtemanden John C. Kidd.

De nygifte bosatte sig i Odessa, Big Stone Co., MN, hvor de blev i omkring 10 år. De flyttede derefter lidt syd på til Yellow Bank, Lac qui Parle Co., men i 1910 var de at finde i Puyallup, Pierce Co., WA, hvor hendes søster Marie$_9$ også boede. I 1915 døde hendes mand kun 46 år gammel. Hun giftede sig igen i en moden alder, men dette ægteskab varede kun kort. Ved folketællingen 1940 var hun igen enke.

4.3.5. Niels Anton Nielsen$_{12}$

Niels Nielsens yngste søn Niels Anton Nielsen var den eneste af børnene, som blev i South Dakota, da alle andre i familien var rejst. I 1906 købte Niels Anton 40 acres jord, der lå som nabo til hans fars homestead, og i 1910 købte han yderligere 40 acres jord beliggende lidt vestligere[27]. Hans hovederhverv var dog ikke landmand, idet han ligesom sin storebror Christian havde et firma, der udlejede kornelevatorer.

Niels Anton giftede sig i 1904, og ægteskabet bragte kun et barn. Han døde i 1945.

4.3.6. Kristine Sofie Nielsen$_{13}$

Som 19-årig blev Niels Nielsens datter Kristine gift med Arthur Wilson Sarff. De blev viet 1901 i Summit, Roberts Co. og drog straks efter brylluppet til Canada, hvor de boede ca. fem år for så at vende tilbage til Summit. Omkring 1911 rejste de til

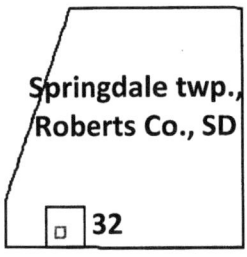

Kort 4.11. Beliggenheden af Niels Anton Nielsens farm i sektion 32, Springdale, Roberts Co., SD.
Kilde: https:// glorecords.blm.gov.

Washington, hvor de bosatte sig i Puyallup, Pierce Co. På den måde kom hun tæt på både sine søstre Marie$_9$ og Anna$_{11}$ samt på sine forældre.

Ægteskabet gik ikke godt, så parternes skiltes, hvorefter hun giftede sig to gange; først med Eston, med hvem hun fik en søn i 1925. I 1930 var hun igen alene, men hun klarede sig igennem ved at arbejde i en skønhedssalon. Senere blev hun gift Alvin P. Bertoch.

4.3.7. Karen Marie Nielsen$_{14}$

Karen var den eneste af Niels Nielsens børn, som muligvis fik en uddannelse. Hun blev skolelærer.

Allerede som 21-årig fungerede hun som lærer i Summit, den nærmeste by til hendes forældres hjem. Hun giftede sig i 1919 med Charles J. Blake, som var restaurantchef i Denver, Denver Co., CO, hvor de blev bosat, og hvor hun fortsatte sin lærergerning.

Ægteskabet varede kun otte år. I september 1927 blev de skilt, hvorpå hun to måneder efter giftede sig med farmeren Gustav Baller. Senere blev hun gift med Rae Taylor.

4.3.8. Mysteriet Charles$_{10,i}$ og Fred Jydstrup$_{10,ii}$

Det store mysterium og samtaleemne i de yngre generationer af familien Jydstrup var oprindelsen af onklerne Charlie og Fred Jydstrup. Hvem var de? Hvem var deres forældre? Hvordan var de i familie?

Spørgsmålene blev taget op både i Minnies erindringer og i brevet fra Nella til Doug 1992. *Jeg ved ikke nøjagtigt, hvor* [onkel] *Charlie og* [onkel] *Fred kom fra. Men Fred boede med os og Charlie hos tante Hannah. Jeg hørte historier, men jeg ved ikke, hvad der var sandt. Helt sikkert var de fætre til os og resten af familien. Fred kom til Canada med os, og senere flyttede han til Idaho...,* skrev Minnie i sine erindringer.

Hvis Minnies påstand om, at Charlie og Fred var hendes fætre, betyder det, at begge drengene var børn af en søskende til Christian Jydstrup.

Som beskrevet i Minnies erindringer forlod hendes bror Nels Theodor sit hjem og tog til onkel Fred i Idaho. Der etablerede han sig, blev gift og stiftede familie.

I 1991 fik hans datter Nella et julebrev fra sin tante Minnie, hvor Nella til sin store overraskelse fik fortalt, at hun havde slægtninge i staten Washington. Man skal huske på, at Nels Theodor ikke ønskede forbindelse med sin familie, så derfor har hans børn sikkert ikke vidst ret meget om deres nærmeste slægtninge. Nellas nysgerrighed blev vakt, så hun besøgte sin tante Minnie og arrangerede tillige et møde med sin nyfundne familie i Washington i håb om at få oplysninger og billeder.

I brevet fra Nella til Doug står følgende: *Nå, tilbage til Minnies svar på, hvor onkel Charlie og onkel Fred kom fra. Tante Minnie fortalte, at hendes far rejste en del og var ofte hjemmefra, og at han engang efter at have været væk, kom tilbage med to små drenge, som han gav til tante Hannah. Jeg spurgte ikke mere – der var alt tante Minnie vidste eller kunne fortælle mig.*

I mellemtiden tog hendes bror Doug på besøg hos en anden slægtning, og her hørte han, at hans bedstefar Christian Julius Nielsen var far til de i familien meget sagnomspundne onkler Charlie og Fred. *Jeg kan ikke acceptere det uden yderligere diskussion med nogen, som har et legalt dokument,* skrev Nella til sin bror. *Jeg har før fortalt dig for år siden, at jeg spurgte tante Minnie om onkel Charlie og onkel Fred. Jeg havde ikke denne nysgerrighed, indtil jeg fandt dødsannoncen fra Niels Nielsen Jydstrup, vores oldefar*[29]. *Det var der, jeg fandt ud af, at vi havde familie, og der min interesse blev vakt. Hvorfor var vi blevet beskyttede så omhyggeligt? Var det vores beskyttende mor eller far? Eller deres forestilling om, at hvis de ikke talte om fortiden, ville den forsvinde?*

Jeg spurgte tante Minnie, hvor onkel Charlie og onkel Fred kom fra. Tante Minnie skrev en liste. Chris blev gift med Oline, og i det ægteskab blev Niels, Melvin, Minnie og Clara født. Så giftede han sig igen osv. Intet sted nævnede hun Charlie og Fred, så siden de hed Jydstrup formodede jeg, at de var sønner af Anton. Hvorom alting er, onkel Fred og Charlie ligeledes blev altid sat op på en piedestal, også selvom vi ikke så meget til dem.

Nella besøgte sin nyerhvervede familie og beskrev sin slægtning Doris således: *Doris er en lille dansk kvinde. Jeg vidste med det samme, at hun var familie. Samme pande, dansk næse, Jydstrup-mund, og hun ligner tante Minnies datter, som kunne de være søskende. Så spurgte jeg hende, om hun kunne fortælle mig noget om Charlie og Fred. Doris vidste øjeblikkeligt og sagde uden tøven: Du tror, jeg ved, hvad du gerne vil vide. Hun sagde, at de to drenge var tante Hannas, og da hun fik dem, boede hun hjemme hos sine forældre. Jeg blev fuldstændig paf ihukommende, hvad du havde fortalt mig. Og jeg gentog for Doris, at du havde fortalt mig, at vores bedstefar var deres far, og at de således var halvbrødre til vores far. Jeg kunne forstå, at Doris ikke tænkte som jeg, og jeg tænkte for et øjeblik, at jeg ville sige ... så jeg sagde: "Så du mener, at det var incest?" "Nej, ikke incest", svarede hun helt chokeret. At jeg kunne tænke på sådan noget. Igen sagde hun, at de var tante Hannas børn, og at der havde været en aftale mellem Hanna, Chris, Niels og hans kone, om at Chris ville beskytte dem og tage sig af dem. Jeg tror, det var almindeligt kendt blandt Tacoma Jydstrup'erne. Jeg spurgte: "Hvordan", og hun sagde igen: "Der var en aftale."*

I forsøg på at nå ind til sandheden om de to drenges ophav bliver der nedenfor gennemgået en række primære kilder, som måske giver svaret på familien Jydstrups mange spørgsmål.

Oplysningerne fra de primære kilder er opført i Tabel 4.2. og 4.3. for henholdsvis Charles og Fred. Kildernes værdi som pålidelige kræver en forklaring.

Folketællingslisterne blev ført af en lokal mand, som gik fra husstand til husstand og udfyldte skemaer efter oplysninger, som beboerne gav. Børnenes data har de voksne givet. Det var først som voksne, at Charles og Fred selv gav oplysningerne.

Nekrologer og dødsanmeldelser blev i sagens natur givet af en anden person, som i de fleste tilfælde var nære slægtninge til den afdøde.

Informationer til avisnotitser blev formentlig givet af den, som notitsen handlede om, og blanketter til offentlige myndigheder blev udfyldt personligt.

4.3.8.1. Charles Franklin Jydstrup[10,i]

Alle oplysninger om Charles' fødselstidspunkt stemmer overens, hvorfor han anses for at være blevet født den 21. jan. 1891. Hans fødested angives i alle kilder til at være South Dakota og nogle nærmere betegnet Summit. Byen Summit lå ganske nær vest for Niels Nielsens farm i Springdale twp, Roberts Co.

I de amerikanske folketællinger 1900 til 1930 opgives Charles at være født af forældre i følgende kombinationer: Far født i South Dakota og mor dansk, begge forældre danskfødte og begge forældre født i Washington. Disse oplysninger giver ikke et klart billede, hvor hans forældre stammede fra.

Figur 4.24. Charles Franklin Jydstrup siddende imellem venner ved et spil poker. Cigar i munden, revolver ved siden og næsten fyldte flasker på bordet – alt sammen til ære for fotografen. Foto: Privat eje.

Tabel 4.2. Kilder som giver oplysninger om Charles Franklin Jydstrups
fødselstidspunkt og -sted samt navne på hans forældre.

Født	Fødested	Mor	Far	Kilde	År	Bemærkninger
Jan. 1891	SD	DK	SD	FT Springdale, Roberts, SD	1900	I Christian Julius Nielsens[8] husstand, adopteret søn
Ca. 1892				FT Kilborn, Grant, SD	1905	I Christian Julius Nielsens[8] husstand, tjenestekarl, 13 år
Ca. 1891	SD	DK	DK	FT Summit, Roberts, SD	1910	Brøndgraver, 19 år
	Summit, SD	Hanna Billinghurst	Nels Jydstrup	Bryllupsnotits	1912	Gift i Mr. and Mrs. Billinghurst's hjem
21. jan. 1891	Summit, SD			US WW1 registration card	1917	
21. jan. 1891	SD	WA	WA	FT Montana	1920	
Ca. 1891	SD	DK	DK	FT St. Maries, Benevah, ID	1930	39 år
21. jan. 1891	Summit, SD			US WW2 registration card	1942	Nærmeste familie Nels Jydstrup[8,i] i ND, søn af Christian Julius Nielsen
				Nekrolog for Nels T. Jydstrup[8,i,] søn af Christian Julius Nielsen	1972	Efterlader to brødre Charles i Spokane, WA og Fred Jydstrup[10,ii] i ID
		Hanna Nelson Jydstrup	Nels	Nekrolog for Fred Leroy Jydstrup	1976	Bror til Fred Leroy Jydstrup[10,ii]
21. jan. 1891		Hannah Nielsen	Nels Jydstrup	Dødsattest	1980	

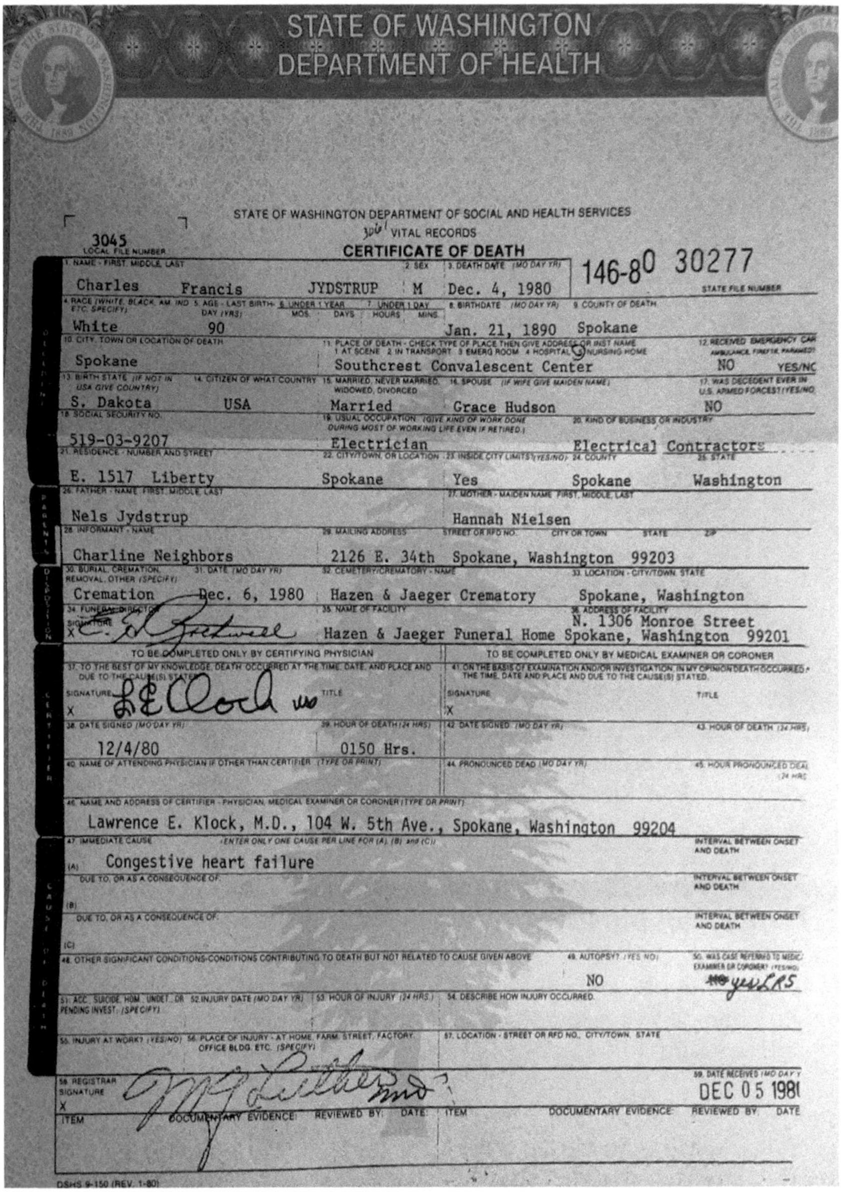

Figur 4.25. Charles Franklin Jydstrups dødsattest 1980.

Figur 4.26. Charles Franklin Jydstrup og hans kone Grace ved deres guldbryllup. Foto: Privat eje.

I hele tre kilder er der samstemmende oplysninger om hans forældres navne. Da han blev gift i 1912 foregik vielsen *i familien Billinghursts hjem*; altså hos Hanne Amelia Nielsen$_{10}$ og hendes mand William Billinghurst. I vielsespapirerne oplyste han, at hans forældre var *Nels Jydstrup* og *Hanna Billinghurst*. Samme oplysninger blev indirekte noteret i 1979, hvor han ved Fred Leroy Jydstrups død angiver sig som værende hans bror, hvis forældres navne var *Nels* og *Hanna Nelson Jydstrup*. I Charles' dødsattest var faderen igen noteret som *Nels Jydstrup*, og moderens pigenavn var *Hannah Nielsen*.

4.3.8.2. Fred Leroy Jydstrup$_{10,ii}$

Freds fødselsdato opgives konsekvent til at være den 6. oktober. Året var 1892, idet oplysningen i hans WW1 registrering anses for at være en skrivefejl.

Fødestedet angives alle steder til at være South Dakota med lokalnavnene Summit og Springdale. På Freds fødselstidspunkt boede Niels Nielsen med sin familie i Springdale twp., der lå ganske nær vest for Summit.

Ifølge folketællingerne skulle Fred have haft enten helt danske forældre eller dansk mor og far født i Minnesota.

Hans soldaterpapirer fra 1917 angiver fødselsstaten som South Dakota, men ingen by. Han var ugift og skulle derfor give oplysninger om nærmeste familie. I 1917 fortalte han, at han ingen familie havde, mens han i 1942 opgav sin nærmeste familie

Tabel 4.3. Kilder som giver oplysninger om Fred Leroy Jydstrups
fødselstidspunkt og -sted samt navne på hans forældre.

Født	Fødested	Mor	Far	Kilde	År	Bemærkninger
Ca. 1893	SD	DK	DK	FT Springdale, Roberts, SD	1905	I Niels Nielsens$_4$ husstand, 12 år, i skole
Ca. 1893	SD	DK	DK	FT Summit, Roberts, SD	1910	I Christian Julius Nielsens$_8$ husstand, 17 år, bror
6. okt. 1891	Springdale, SD			US WW1 Registration card	1917	Bor i MT
Ca. 1892		DK	MN	FT Benewah, St. Maries, ID	1930	38 år
6. okt. 1892	Summit, SD	Hannah Nelson	Nels Jydstrup	Social Security Registration card	1937	
6. okt. 1892	Summit, SD			US WW2 Registration card	1942	Nærmeste familie Charles Jydstrup-$_{10,i}$
				Nekrolog for Nels T. Jydstrup$_{8,i'}$ søn af Christian Julius Nielsen	1972	Efterlader to brødre Charles$_{10,i}$ i Spokane, WA og Fred Jydstrup$_{10,ii}$ i ID
6. okt. 1892				US Social Security Death Index	1976	
6. okt. 1892	Summit, SD	Hanna Nelson Jydstrup	Nels (Nelson Jydstrup)	Nekrolog	1976	Bror Charles Jydstrup$_{10,i}$

til at være *Charles Jydstrup*, dog uden at angive deres slægtskabsforhold. Ud fra Charles Jydstrup adresse, ses det, han er identisk med Charles Franklin Jydstrup og ikke Christian Julius Nielsens søn Charles Albert Jydstrup$_{8,vii}$.

Da Fred i 1937 udfyldte en formular til de sociale myndigheder, et såkaldt US Social Security Registration Card, oplyste han forældres navne til *Hannah Nelson and Nels Jydstrup* og i hans nekrolog, hvor oplysningerne stammede fra Charles Franklin Jydstrup var forældrenes navne opgivet som *Nels* og *Hanna Nelson Jydstrup*.

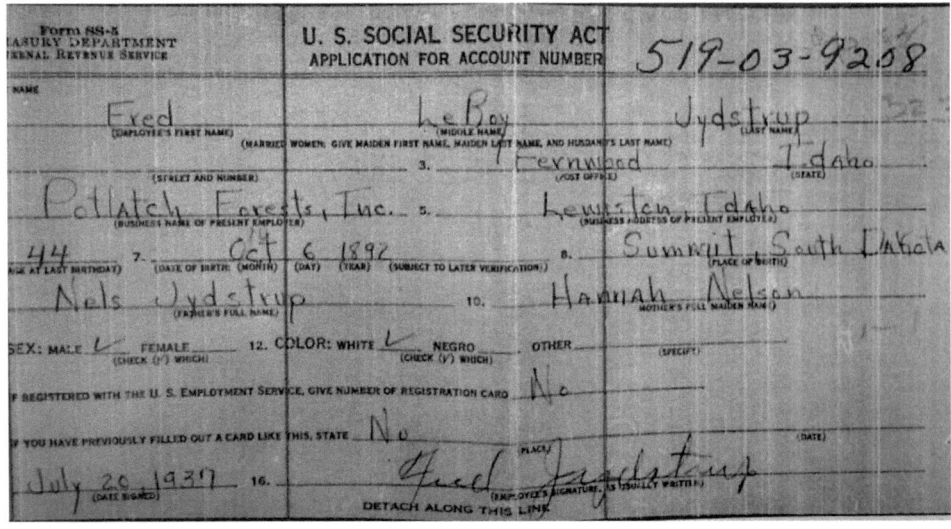

Figur 4.27. Fred Leroy Jydstrups oplysninger indgivet til de sociale myndigheder i 1937.

4.3.8.3. At leve med en hemmelighed

Sammenfattes de eksakte oplysninger om Charles$_{10,i}$ og Fred Jydstrup$_{10,ii'}$ er der ingen tvivl om, at *Hanne Amelia Nielsen*$_{10}$ var deres mor. *Nels Jydstrup*, der angives at være deres far kan i princippet dreje sig om to og kun to personer: Hannes far *Niels Nielsen*$_4$ eller hendes bror *Niels Anton Nielsen*$_{12}$. Broderen blev født den 6. jan. 1879, hvilket vil sige, at han var lige akkurat 12 år, da Charles blev født, og 13 år, da Hanna blev svanger med Fred. Derfor lades han ude af betragtning som drengenes far. Tilbage bliver så Hannes far Niels Nielsen som den eneste mulige far.

Som i alle incestsager skabte overgrebene skam, og skammen i dette tilfælde var ikke alene Hannes. Alle i familien, som kendte til de virkelige forhold, følte den sikkert, hvorfor alle gjorde deres til at skjule, hvad der ikke alene var sket én gang, men hele to gange. En far havde forgrebet sig på sin datter og gjort hende gravid. Man lavede *en aftale*. Imellem hvem aftalen blev lavet, fremgår af Doris' udtalelser. Den var mellem børnenes far Niels Nielsen og hans kone, drengenes mor Hanne og hendes bror Christian. Noget tyder dog på, at andre i den nære familie vidste besked om, hvad der var foregået. Det ville dog også være mærkeligt, hvis ingen andre end de før omtalte fire personer kendte til, hvad der foregik i hjemmet. Det er således bemærkelsesværdigt, at tre af Hannes søstre, nemlig Marie$_9$, Anne$_{11}$ og Kristine$_{13}$ allerede omkring 17-19-års alderen fandt en ægtemand og forlod hjemmet i så ung en alder. Måske havde de travlt med at komme hjemmefra.

Som fortalt tidligere tog Christian af færde, da han blev bekendt med forholdet. Han tog de to drenge med sig. Han fjernede det synlige bevis, og ved den handling adskilte han børnene fra deres mor, eller set fra modsatte synsvinkel tog han børnene fra Hanne. Denne handlemåde var måske et udslag af hans kærlighed til børn, men den efterlader tanken om hans mulige manglende forståelse for incestramte kvinders følelser. Han lod Hanne blive hos sin far, hvor man ellers sagtens kunne have forestillet sig, at han kunne have fundet en løsning, så Hanne kom væk fra hjemmet og måske også kunne have fået sine børn med sig.

I flere af de amerikanske folketællinger er der kolonner, som skulle udfyldes med antal fødte og deraf levende børn. Ser man på de oplysninger, som Hanne gav til disse folketællingerne før hun blev gift, var de alle enslydende. Hun havde ingen børn født. Da hendes søn Charles Billinghurst kom til verden meddelte forældrene, at han var barn nummer to. Det kan forklares ved, at William Billinghurst i forvejen havde en datter fra sit første ægteskab. Altså var oplysningen *andet barn* en henvisning til hans faderskab og ikke hendes moderskab. Også ved denne lejlighed blev hendes to tidligere fødte børn forbigået i tavshed.

Hvornår Charles og Fred blev indviet i hemmeligheden om deres herkomst, er svært at gisne om. Første gang Charles nævnte sine forældre ved navn var, da han 21 år gammel blev gift i 1912. Han gik dog her lidt på listefødder ved at nævne sin mors navn som *Hanna Billinghurst*. Da Fred udfyldte sit Social Security-bevis i 1937, var det første gang, at han opgav sine forældres navne. Da var han 44 år.

Ifølge Minnie kom Christian jo med de to drenge, som han lovet at tage sig af. Det løfte holdt han i et vist mål. I år 1900 og 1905 boede Charles hos Christians familie; i 1900 som adopteret søn og i 1905 som gårdskarl. I 1910 var Fred en del af Christians husstand, hvor han blev benævnt som bror, hvilket jo var næsten sandt nok, idet Fred jo både var hans halvbror og hans nevø. Efter Minnies udsagn blev Fred tillige taget med, da Christian og hans familie flyttede til Canada. Christians oplysninger i folketællingerne vidner dog lidt om, at han også nødigt indrømmede, hvilken præcis familierelation han havde til drengene.

I Niels Nielsens nekrolog nævnes alle hans officielle børn; sønnerne med Hanne er ikke omtalt.

Alt i alt følte alle de implicerede sikkert skam over de faktiske forhold, og enhver, som vidste besked holdt på det som en hemmelighed.

4.4. Sammenhold og splittelse

De tre brødre Nielsen voksede op i et hjem, hvor traditionen var, at man boede flere generationer sammen, hvilket har betydet, at man hjalp hinanden med at få hverdagen til at hænge sammen i forhold til alt det praktiske. Denne tradition blev ført videre i Amerika. Der er flere eksempler på, at forældrene havde deres voksne børn boende hjemme, eller at de voksne børn fik forældrene boende, når de blev gamle.

Når børnene åbnede deres hjem for forældrene, var det jo for at hjælpe dem. Ligeledes hjalp forældrene de af deres børn, som kom i nød. Børn med deres børn flyttede ind hos den ældre generation, når behovet meldte sig.

Sammenholdet indenfor de enkelte familier viser sig også ved, at i alle tre familier bosatte forældre og børn sig tæt ved hinanden. Jens Nielsens tre medbragte sønner endte alle med at bo tæt på forældrene. I Peder Nielsens familie var det lige sådan, bortset fra at en enkelt af deres mange børn bosatte sig i North Dakota.

Niels Nielsens homestead i Roberts Co., og Grant Co., SD havde fælles grænse med datteren Hannes og sønnen Niels Antons homestead, hvilket vises på Kort 4.12. Sønnen Christian havde jord i Grant Co. lige syd for sin fars gård. Niels Nielsens børn spredtes vidt omkring, da de giftede sig, men med tiden samledes både forældrene og de fleste af børnene i staten Washington.

Også mellem søskende var der stort sammenhold. Flere brødrepar havde virksomheder, som de drev sammen, ligesom man må gå ud fra, at de søskende, som havde gårde tæt på hverandre, hjalp hinanden f.eks. med mark- og høstarbejdet.

Hjælpsomhed var nok ret kendetegnende for medlemmerne af de tre familier, og den udfoldedes tydeligst, når en i familien var i nød. Da Peder Nielsens svigersøn døde og efterlod datteren Ane Marie med børn at forsørge, trådte hendes søster Ane Johanne hjælpende til og gav Ane Marie husly og arbejde i det pensionat, som hun havde etableret, da hun selv blev enke. Hjælpen blev på den måde gensidig. Da Hanne Amelia Nielsen hele to gange nedkom med børn, som hendes egen far var far til, så trådte storebroderen Christian resolut til.

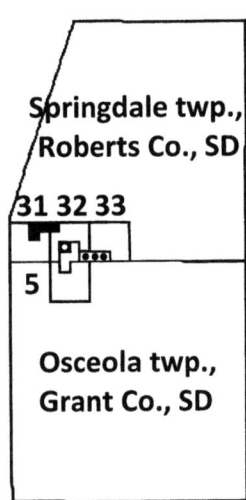

Kort 4.12. Korte viser, hvor tæt Jens Nielsens, Niels Nielsen, Hanne Amelia Nielsens og Niels Anton Nielsena gårde lå på hinanden. Sort Jens Nielsens gård, hvid Niels Nielsens gård, sort med hvid prik Niels Anton Nielsens gård og hvid med sorte prikker Hanne Amelie Nielsens gård.
Kilde: https:// glorecords.blm.gov.

Figur 4.28. Peder Nielsens søn Christian G.$_{17}$ bosatte sig i Mission Hill, Yankton Co., SD, hvor hans fætter, Carl Johan Jensen$_7$, søn af Jens Nielsen, også boede. I Mission Hill blev han sadelmager for senere at blive landmand, Han giftede sig med Clara. Billedet viser de to nygifte. Foto: Privat eje.

Også indbyrdes mellem de tre familier var der stort sammenhold. Ved udvandringen tog både Peder og Niels Nielsen til steder, hvor en af deres brødre i forvejen befandt sig. Tilmed bosatte de sig også tæt ved hinanden. Af folketællingen 1880 i Minnesota ses det, at Jens og Peders husstande var registreret med kun fire husstandes afstand fra hinanden, og da Jens tog til South Dakota, hvortil Niels senere ankom, så erhvervede de sig homesteads, hvis jord næsten grænsede op til hinanden. Dette fremgår af Kort 4.12.

En del kilder vidner om, at Nielsen-brødrenes børn holdt indbyrdes kontakt til deres fætre og kusiner, onkler og tanter. Børnene var jo i et vist mål vokset op sammen og blev på den måde knyttet til hinanden, ligesom de sikkert også har været tætte på deres onkler og tanter. I hvert fald var nevøer og niecer ofte nævnt som deltagere ved deres onkler og tanters begravelser.

Flere familiefotografier viser, at fætre og kusiner gik sammen til fotografen, ligesom der også på nogle bryllupsbilleder figurerer en fætter, som måske har været forlover for sin kusine.

De mange beretninger fra de tre brødres liv afslører kun få splittelser i familierne. På grund af de anstrengte forhold i Christian Julius Nielsens hjem forlod sønnen Melvin i vrede sin familie og ønskede ingen kontakt hverken med faderen eller sine søskende. Ligeledes fremgår det, at også datteren Minnie havde et problematisk forhold til sin far. Også forholdet mellem Niels Nielsen og hans datter Hanne skabte efter alt at dømme og forståeligt nok problemer i søskendeflokken. Det er f.eks. bemærkelsesværdigt, at tre af Niels Nielsens døtre blev gift meget unge. De var ikke mere end 17-19 år, da de startede deres familier og dermed kom væk fra hjemmet.

5. Integrationen i det amerikanske samfund

I vore dages Danmark taler vi jo meget om integration, hvad det er, og hvordan det udmønter sig. Et mål for modtagerlandets succeskriterier i forhold til indvandring er vel, om det formår at integrere immigranterne.

Hvis jeg skulle komme med nogle ganske få bud på, hvilke parametre der skal til, for at en indvandrer kan betragtes som integreret, så kunne det være:

1. At blive statsborger
2. At tale sproget
3. At vælge en ægtefælle udenfor ens egen kulturkreds

5.1. Amerikansk statsborgerskab

Som beskrevet i Afsnit 1.2.3. skulle visse betingelser være opfyldt for at kunne få et homestead. Man skulle bl.a. have underskrevet en *declaration of intent*, hvis man ikke var amerikansk statsborger. En declaration of intent var, som ordene siger, et dokument, hvor man skrev under på, at man havde *til hensigt* at blive amerikansk statsborger. Senere skulle man så søge om et *egentligt statsborgerskab*.

I mange indvandrerfamilier havde man den tro, at når familiens overhoved havde underskrevet en *declaration of intent*, så var han og alle i familien blevet *amerikanske statsborgere*. Men sådan forholdt det sig ikke. Hver person skulle søge statsborgerskab selv. Denne misforståelse og uvidenhed om Amerikas statsborgerskabslovgivning gav sig udtryk ved, at de, som var indvandret som børn, ofte ikke vidste, om de var amerikanske statsborgere, eller hvis de antog sig som sådan, hvornår de var blevet det. Mange indvandrere opdagede først i deres voksentilværelse, at de rent faktisk ikke var amerikanske statsborgere efter loven.

Alle tre brødre Nielsen underskrev en sådan deklaration, men om de senere blev rigtige amerikanske statsborgere, vides ikke. Børnene sagde også alle i folketællingerne, at de var amerikanske statsborgere. I den amerikanske folketælling 1920 skulle borgerne oplyse, om de var naturaliserede, hvilket vil sige, at de efter loven havde fået amerikansk statborgerskab, og hvis de var, hvilket år det var sket. Flere eksempler fra Niels Nielsens[4] familie viser, at mange svarede efter bedste evne og ud fra formodninger, hvilket ofte intet havde med virkeligheden at gøre.

Niels Nielsen selv oplyste, at han var blevet naturaliseret i 1889, og hans datter Hanne, som han boede sammen med, oplyste det samme. Det mest sandsynlige er nok, at han underskrev en declaration of intent i 1889 og dermed troede, at han havde erhvervet statsborgerskab, og at Hanne mente, at hun ved denne lejlighed havde opnået det samme. Niels Nielsens søn Niels Anton kunne i 1920 fortælle, at han var naturaliseret, men han vidste ikke hvornår. Dette er i sig selv besynderligt, da han jo selv skulle søge om det. Måske led han af samme misopfattelse som søsteren Hanne. En anden søster, nemlig Karen, oplyste, at hun var blevet naturaliseret i 1910. Det viste sig ikke helt at holde stik. I en alder af 60 år og efter at have boet I Amerika i 59 år indgav hun i 1944 en ansøgning om statsborgerskab. I den fremgår det, at hun egentlig mente sig naturaliseret gennem sin fars statsborgerskab.

5.2. At tale sproget

Alle medlemmer af de tre Nielsen-familier lærte at tale engelsk – selv den ældre generation. I folketællingerne oplyste de alle, at de både kunne tale, læse og skrive engelsk.

Det må have kostet forældrene og de ældste af børnene store anstrengelser at tilegne sig sproget. I folketællingen 1916 fremgår det f.eks., at der i Christian Julius Nielsens$_8$ hjem blev talt dansk, og hans datter Minnie skrev i sine erindringer, at faderen ikke kunne stave engelsk korrekt. Han skrev ordene, som han udtalte dem – sikkert med en kraftig midtsjællandsk accent.

En del af den sproglige tilpasning til de amerikanske forhold var også at tillempe sine navne til amerikansk udtale. Alle familiemedlemmerne skiftede enten stavemåde eller ændrede deres navne til mere amerikanskklingende navne. Niels/Nielsen blev til Nels/Nelson, Karen til Carrie, Marie til Mary osv. I slægtstavlen bagest i bogen er familiemedlemmernes amerikanske navne anført efter deres danske døbenavn.

At alle i familierne Jens og Niels Nielsen endte med at kalde sig *Jydstrup* har nok været en fælles beslutning, som blev taget, da de boede i South Dakota. Måske blev den truffet, fordi der i det område, hvor de boede, befandt sig mange danske emigranter, hvor sikkert en del havde efternavnet Nielsen. Med navnet Jydstrup skilte man sig ud fra mængden.

5.3. Ægtefællers nationalitet

Både i Minnesota og South Dakota, hvor familierne først bosatte sig, var der en del danskere, så det ville ikke have været svært at finde en dansk ægtefælle, hvis det var det, man ønskede. Blandt skandinaviske immigranter, som ofte boede tæt på

Tabel 5.1. Nationalitet af de 19 ægtefæller, som 14 af de medbragte børn havde.

Antal	Fødested	Fars fødested	Mors fødested
3	Danmark	Danmark	Danmark
3	Norge	Norge	Norge
1	Sverige	Sverige	Sverige
1	USA	Norge	Norge
1	USA	Norge	USA
1	USA	Sverige	Sverige
1	USA	England	England
1	USA	Holland	Tyskland
3	USA	USA	USA
1	USA	IN	?
2	USA	Canada	Canada
1	USA	?	?

hinanden, var det i mange familier og ofte i flere generationer almindeligt at man valgte en ægtefælle, som enten var af samme nationalitet som en selv, eller som havde skandinavisk baggrund. Kulturen var mere eller mindre fælles i Skandinavien, og mange valgte derfor en ægtefælle, som de følte et vist kulturelt fællesskab med.

Af de 15 børn, som de tre brødre tog med til Amerika, blev en aldrig gift. Flere af børnene blev gift to gange, to endda tre gange. I alt indgik de 14 gifte børn 22 ægteskaber. For tre af ægtefællerne kendes nationaliteten ikke. Tabel 5.1. viser herkomsten af 19 af de ægtefæller, hvor denne kendes. Herud af var tre født i Danmark, tre i Norge og en i Sverige. Tre ægtefæller var andengenerationsindvandrere med skandinavisk baggrund. To af disse havde forældre, som begge stammede fra henholdsvis Norge og Sverige, mens en havde amerikansk mor og norsk far. Andre to var ligeledes andengenerationsindvandrere. Den ene havde engelske forældre, mens den anden havde en hollandsk far og en tysk mor. Fem ægtefæller født i Amerika havde enten ren amerikansk eller canadisk baggrund. For to andre amerikanskfødte ægtefæller er deres baggrund uvis.

Samlet set faldt valget af ægtefælle i omkring halvdelen af tilfældene på en person med skandinavisk baggrund. Således holdt børnene sig i rimelig stor udstrækning til deres egen kulturkreds. Det skal dertil siges, at i Minnesota og South Dakota, hvor brødrene med deres familier nedsatte sig, var de omgivet af mange skandinaviske indvandrere; her iblandt mange danskere.

Man kan også vende billedet om og sige, at omkring halvdelen af ægtefællerne ikke tilhørte de medbragte børns kulturkreds, til trods for at de havde rigelig mulighed for at finde sig en ægtefælle med skandinavisk baggrund.

Sammenfattende kan man nok konkludere, at ud fra de tre kriterier blev de tre brødre og deres familier rimeligt godt integreret i det amerikanske samfund.

6. Var det rejsen værd?

Generelt var den danske udvandring til Amerika et opgør med denne fattige og udsigtsløse tilværelse i Danmark. Folk så Amerika, som et sted, hvor de selv kunne opnå en rigere og friere tilværelse, og hvor deres børn kunne få en bedre fremtid end hjemme. I Amerika var man sin egen lykkes smed. Man kunne blive til noget, hvis man ville. Sådan var det ikke i Danmark på den tid. Da sad mange ofte fast og kunne kun med særlige anstrengelser svinge sig op ad den sociale rangstige.

Den danske udvandring var især præget af en stor udvandring fra landdistrikterne, og her har mulighederne for at erhverve sig et homestead sikkert været en afgørende årsag til udvandring.

> *Brødre, meget langt herfra, over salten vande,*
> *rejser sig Amerika med de gyldne strande,*
> *det er der Fugl Fønix bor:*
> *guld og sølv på marken gror,*
> *og i skovens skygge*
> *stegte duer bygge.*
> *Hvor frydeligt!*
> *Gud, hvor det er nydeligt!*
> *Skade, at Amerika ligge skal så langt herfra!*
>
> *Der går solen aldrig ned, stegt er hver kastanje,*
> *der er alting kærlighed, kilderne champagne.*
> *Gi'r man der sit hjerte hen,*
> *får man straks to, tre igen,*
> *og på mark og enge*
> *blomstrer der kun penge.*
> *Hvor frydeligt!*
> *Gud, hvor det er nydeligt!*
> *Skade, at Amerika ligge skal så langt herfra!*
>
> H.C. Andersen

H.C. Andersens digt afspejler den almindelige danskers syn på Amerikas herligheder, men når det kom til den virkelige verden, var Amerika så det eldorado, som digteren så ironisk beskrev? Selvfølgelig var det ikke det, og det vidste den almindelige dansker naturligvis godt inderst inde. Men *mulighederne* var der. Det troede man da på.

De tre brødre Nielsen havde jo en baggrund som håndværker- og fæstehusmandssønner, og som voksne fulgte de i deres fars fodspor. Jens boede med sin familie skråt overfor forældrene. Han ernærede sig som daglejer på godset og desuden hjalp han sine forældre med driften af husmandsbruget. Niels overtog fæstet af forældrenes husmandssted, da de i en meget sen alder gik på aftægt, mens Peder arbejdede som snedker. De tre brødres koner kom fra samme sociale lag, som de selv.

Muligheden for at ændre deres og børnenes livsvilkår var ikke umiddelbart til at få øje på. Amerika lokkede med tilbud om en mere socialt tilfredsstillende, retfærdig og ikke mindst rig tilværelse for en selv og måske især for ens børn.

I Amerika fik alle de tre brødre jord og fod under eget bord. Deres børn fik også materialistisk set et bedre liv, end forholdene i Danmark havde kunnet byde dem. De kom med tiden til at eje deres egne boliger eller jord, nogle fik en uddannelse, som der helt sikkert ikke havde været råd til, hvis de var blevet i Danmark, og andre oparbejdede driftige virksomheder.

Hvis man skal besvare spørgsmålet om, hvorvidt det for de tre Nielsen-familier havde været rejsen værd, så må svaret ubetinget være *JA*.

Christian Julius Nielsen[8] er et godt eksempel på en dansk emigrant, som havde syntes, at det var rejsen værd. Han var 15 år, da han udvandrede, så han må have haft mange erindringer om sin barndom og ungdom i Danmark. Familien ankom til South Dakota i 1884, hvorefter han med sine forældre kom til Canada. Efter få års forløb vendte familien tilbage til South Dakota. Der blev han indtil 1912, hvor han med sin egen familie flyttede til Canada. Ud over at være farmer var han forretningsmand og rejste meget. Alt i alt havde han gennem sit lange liv set meget og mange steder. Da han på sin 93-års fødselsdag så tilbage på sit liv, og på hvor han gennem tiden havde boet og opholdt sig, så virkede han tilfreds. Han skrev nemlig:

Ninetythree years ago today
I started off to go this way
Looking for a place to rest
I travelled north, I travelled south, I travelled east and west
But of all the spots I've seen so far, our Elwood Lodge is best.

Forkortelser

Amerikanske stater:
   CO Colorado
   ID Idaho
   IL Illinois
   IN Indiana
   MT Montana
   ND North Dakota
   OR Oregon
   SD South Dakota
   WA Washington
   WI Wisconsin
   WY Wyoming
Co. County.
DK. Danmark
Twp. Township.

Mål

1 dansk fod = 31,4 cm
1 amerikansk mile = 1,6 km
1 acre = 4.047 m^2, altså = godt 0,4 ha

Kommenteret slægtstavle

Husmand Niels Nielsen og Johanne Rasmusdatters efterkommere

I slægtstavlen er kun medtaget personer, som enten er nævnt i eller har betydning for indholdet af bogens tekst.

De udvandrede er markeret med kursiv, og deres amerikanske kaldenavne er noteret efter deres døbenavn adskilt med en skråstreg.

Antallet af børn i de enkelte ægteskaber kan være behæftet med fejl.

Første Generation

1.   Niels Nielsen, født 10. maj 1794 i Haraldsted, søn af Niels Martinussen og Karen Pedersdatter), død 17. feb. 1882 i Jystrup.
        Han blev gift med Johanne Rasmusdatter, gift 6. dec. 1822 i Jystrup, født 6. okt. 1801 i Ny Jystrup, datter af Rasmus Pedersen og Anne Jørgensdatter, død 23. feb. 1878 i Ny Jystrup.
        Børn:
        2.   i.   *Jens Nielsen,* født 4. dec. 1822.
              ii.   Ane Kirstine Nielsen, født 27. aug. 1825 i Haraldsted.
              iii.   Christen Nielsen, født 18. aug. 1828 i Haraldsted, død 1864.
        3.   iv.   Ane Marie Nielsdatter, født 16. apr. 1832.
              v.   Rasmus Nielsen, født 1. jan. 1835 i Jystrup.
        4.   vi.   *Niels Nielsen,* født 25. sep. 1839.
        5.   vii.   *Peder Nielsen,* født 27. maj 1842.

Anden Generation

2.   *Jens Nielsen/Jens Nielson,* født 4. dec. 1822 i Jystrup, død 1889 i Willmar, Kandiyohi Co., MN.
        Han blev gift med *Karen Rasmussen/Karen Jydstrup,* født 26. maj 1824 i Særløse, død 1905 i Kandiyohi Co., MN.
        Børn:
              i.   Jens Peter Jensen, født 10. jun. 1853 i Jystrup, død 1853 i Jystrup.

6.   ii.   *Jens Peter Jensen/James Peter Jydstrup*, født 11. dec. 1854.

        iii.   *Rasmus Wilhelm Jensen/William Jydstrup*, født 23. nov. 1858 i Jystrup, død 23. nov. 1934 i Kandiyohi Co., MN.

7.   iv.   *Carl Johan Jensen/Charles Jydstrup*, født 29. aug. 1864.

3.   Ane Marie Nielsdatter, født 16. apr. 1832 i Jystrup.
Hun blev gift med Sven Jensson, gift 24. maj 1856 i Jystrup, født 24. nov. 1822 i Bjørkerød, Farhult sogn ved Helsingborg, Sverige, død 2. nov. 1875 i Jystrup fattighus.

        Børn:

        i.   Maren Jensen, født 22. dec. 1854 i Jystrup.

        ii.   Jens Peter Jensen, født 19. maj 1864 i Ny Jystrup.

        iii.   Niels Christian Jensen, født 22. sep. 1867 i Ny Jystrup.

4.   *Niels Nielsen*, født 25. sep. 1839 i Jystrup, død 25. sep. 1934 i Tacoma, Pierce Co., WA.
Han blev gift med *Kirstine Madsdatter*, født 2. jul. 1844 i Sæby sogn, Københavns amt, død 1913 i Puyallup, Pierce Co., WA.

        Børn:

8.   i.   *Christian Julius Nielsen*, født 17. okt. 1869.

9.   ii.   *Marie Kerstine Elisabeth Nielsen*, født 19. nov. 1871.

10.   iii.   *Hanne Amelia Nielsen*, født 27. apr. 1874.

11.   iv.   *Anna Frederikke Nielsen*, født 11. okt. 1876.

12.   v.   *Niels Anton Nielsen*, født 6. jan. 1879.

13.   vi.   *Kristine Sofie Nielsen*, født 20. mar. 1881.

14.   vii.   *Karen Marie Nielsen*, født 3. jan. 1884.

15.   viii.   *Ida Hansine Jydstrup*, født 19. aug. 1888.

5.   *Peder Nielsen/Peter Nelson*, født 27. maj 1842 i Ny Jystrup, død 7. maj 1921 i Willmar, Kandiyohi Co., MN.
Han blev sandsynligvis aldrig gift med *Kirsten Andersen/Christine Nelson*, født 29. maj 1841 i Ejby, Ramsø, datter af Anders Hansen og Anna Sørensdatter, død 18. feb. 1922 i Willmar, Kandiyohi Co., MN.

        Børn:

        i.   *Ane Johanne Vilhelmine Nielsen/Anna Nelson*, født 14. dec. 1873 i Valsømagle, død 12. nov. 1957.
Hun blev gift med (1) Howard M. Clark,

født 1875 i MN.
Hun blev gift med (2) N. P. Jørgensen, født i DK.

16.	ii.	*Ane Marie Nielsen/Mary Nelson*, født 29. mar. 1875.
17.	iii.	Christian G. Nielsen, født 12. jan. 1877.
18.	iv.	Emma Nielsen, født 20./30. jun. 1879.
19.	v.	Charles Nielsen, født 20./30. jun. 1879.
20.	vi.	Emil Peter Nielsen, født 1. okt. 1881.
	vii.	Hannah Nielsen, født 19. jan. 1883 i MN, død 8. aug. 1945. Hun blev gift med J. L. Johnson.
21.	viii.	Sigfred Walter Nielsen, født 20. jan. 1886.

Kirsten Andersen var før sin udvandring gift med *Jens Larsen*, som ved deres ægteskabs indgåelse var enkemand. *Jens Larsen*s efterkommere er som følger:

A. *Jens Larsen*, født 11. mar. 1825 i Hellehuse, Jystrup. Søn af Lars Jensen og Kirsten Jørgensdatter. Gift med (1) Maren Christensdatter, født 1825 i Ejby, død 25. jan. 1862 i Valsømagle, Haraldsted.

Børn:
a   *Karen Marie Jensen*, født 17. jun. 1860 i Valsømagle.

Gift 1862 i Ejby med (2) *Kirsten Andersen*.

Børn:
b   *Hans Jensen/Hans Johnson*, født 22. aug. 1863 i Valsømagle, død 23. nov. 1934 i Kandiyohi Co., MN. Gift med Ingeborg, født dec. 1848 i Norge.

c   *Anders Jensen/Andrew Johnson*, født 24. nov. 1867.

d   *Niels Peter Jensen/Nels Peter Nelson*, født 6. jul. 1871.

Jens Larsen og Kirsten Andersens børn c og d er nedenfor indsat efter nr. 15.

Tredje Generation

6.   *Jens Peter Jensen/James Peter Jydstrup*, født 11. dec. 1854 i Jystrup, død 17. dec. 1936 i Minneapolis, Hennepin, MN.
Han blev gift med Anna Sabina Christopherson, gift 18. aug. 1883 i Summit, Roberts Co., SD, født 10. nov. 1865 i DK, død 18 aug. 1913. 7 børn.

7.   *Carl Johan Jensen/Charles Jydstrup*, født 29. aug. 1864 i Jystrup.
Han blev gift med Martha Aalseth, gift 1901 i Misssion Hill, Yankton Co.,

SD, født 1866 i Norge, død 1932 i Mission Hill, Yankton Co., SD. 1 barn.

8.   *Christian Julius Nielsen/Chris Jydstrup*, født 17. okt. 1869 i Vallø bys sogn,
        Præstø amt, død 1. sep. 1966 i Canada.
        Han blev gift med (1) Lena/Oline Margaret Thorsen, gift 5. nov. 1897 i
        Milbank, Marvin Co./Grant, Roberts Co., SD, født okt. 1880 i SD,
        død 22. okt. 1907 i SD.

> *Børn:*
> i.   Nels Theodor Jydstrup, født 14. aug. 1898 i SD,
>   død 19. jul. 1972 i Orange, California.
> ii.   Melvin Charles Jydstrup, født 23. sep. 1900 i SD,
>   død 19. dec. 1939.
> iii.   Minnie Elisabeth Jydstrup, født 28. dec. 1901 i SD.
>   Hun blev gift med Ole Pederson.
> iv.   Clara Lillian Jydstrup, født 3. mar. 1903 i Summit,
>   Roberts, SD, død 7. jul. 1965.

Han blev gift med (2) Sophia Margaret Gerdes, gift aug. 1908, født 1881
i MN, død 27. jan. 1941 i Canada. Ved ægteskabets indgåelse havde hun
datteren Irene, født 1907.

> *Børn:*
> v.   Dødfødt Jydstrup.
> vi.   Gladys Alice Jydstrup, født 30. maj 1911, død
>   3. okt. 1973.
> vii.   Charles Albert Jydstrup, født 2. dec. 1913, død
>   4. nov. 1980.
> viii.   Christina Janice Jydstrup, født 11. sep. 1915,
>   død 19. mar. 1978.
> ix.   Florence Jydstrup, født 6. dec. 1918, død
>   19. jun. 1938.
> x.   Anton Jay Jydstrup, født 25. mar 1923 i Sumter,
>   South Carolina, død 24. jan. 1956 i Canada.

9.   *Marie Kerstine Elisabeth Nielsen/Mary Jydstrup*, født 19. nov. 1871 i Spjellerup,
        Præstø amt, død 7. okt. 1955.
        Hun blev gift med William A. Nobles, gift 30. apr. 1889 i Roberts Co., SD.
        7 børn.

10.   *Hanne Amelia Nielsen/Hanna Jydstrup*, født 27. apr. 1874 i Spjellerup,
        Præstø amt, død 30. mar. 1961.

Hun fik efter alt at dømme to børn med sin far *Niels Nielsen₄*.

Børn:
    i.   Charles Franklin Jydstrup, født 21. jan. 1891 i Summit, Roberts Co., SD, død 4. dec. 1980 i Spokane, Spokane Co., WA.
Han blev gift med Grace E. Jydstrup, født 6. apr. 1893, død 3. aug. 1994 i Spokane, Spokane Co., WA.
    ii.   Fred Leroy Jydstrup, født 6. okt. 1892 i Springdale, Roberts Co., SD, død aug. 1976 i Saint Maries, Benewah Co., ID.

Hun blev gift med William Seeley Billinghurst, gift 6. nov. 1911 i Saint Poul, MN, født 1856 i WI. 1 barn.

11.   *Anna Frederikke Nielsen*, født 11. okt. 1876 i Jystrup, død 28. maj 1949 i Tacoma, Pierce Co., WA.
Hun blev gift med (1) John C. Kidd, gift ca. 1893, født feb. 1869 i IL, død 31. jul. 1915 Puyallup, Pierce Co., WA. 3 børn.
Hun blev gift med (2) Winters. Ingen børn.

12.   *Niels Anton Nielsen/Anton Jydstrup*, født 6. jan. 1879 i Jystrup, død 25. sep. 1945 i Summit, Roberts Co., SD.
Han blev gift med Leora Barbara Baker, gift 1904, født 1880 i MN. 1 barn.

13.   *Kristine Sofie Nielsen/Sophie Jydstrup*, født 20. mar. 1881 i Jystrup, død 9. aug. 1967 i Tacoma, Pierce Co., WA.
Hun blev gift med (1) Arthur Wilson Sarff, gift 15. dec. 1901 i Summit, Roberts Co., SD, født 9. jan. 1874 i Todd, Bowersville Co., MN, død 19. dec. 1951 i Pocatello, Bannock Co., ID. 7 børn.
Hun blev gift med (2) Eston, født i MN. 1 barn.
Hun blev gift med (3) Alvin P. Bertoch. Ingen børn.

14.   *Karen Marie Nielsen/Carrie Jydstrup*, født 3. jan. 1884 i Jystrup.
Hun blev gift med (1) Charles J. Blake, gift 18. jul. 1919 i WY, skilt 22. sep. 1927 i CO, født i IL. 1 barn.
Hun blev gift med (2) Gustav Baller, gift nov. 1917 i Golden, CO, født 16. maj 1874 i Sverige. Ingen børn.
Hun blev gift med (3) Rae Taylor. Ingen børn.

15.   Ida Hansine Jydstrup, født 19. aug. 1888 i Summit, Roberts Co., SD,

død 27. maj 1976 i Brown Co., MN.
Hun blev gift med Frank B. Stanton, født 1887 i MN. 3 børn.

b.   *Anders Jensen/Andrew Johnson*, født 24. nov. 1867 i Valsømagle.
Han blev gift med Jennie, født apr. 1878 i DK. 7 børn.

c.   *Niels Peter Jensen/Nelson*, født 6. jul. 1871 i Valsømagle, Haraldsted,
død 26. dec. 1960 i Seattle, WA.
Han blev gift 1897 med Cecelia Nelson, født 1878 i MN, død 1956. 7 børn.

16.   *Ane Marie Nielsen*, født 29. mar. 1875 i Valsømagle, død 11. aug. 1948 i
Willmar, Kandiyohi Co., MN.
Hun blev gift med (1) Martin Haagen, født i Norge. 2 børn.
Hun blev gift med (2) David Albert Petersen, født 10. maj 1881 i MN.
Ingen børn.

17.   Christian G. Nielsen, født 12. jan. 1877 i MN, død 27. jun. 1952.
Han blev gift med Clara, født 1890 i SD. 4 børn.

18.   Emma Nielsen, født 20./30. jun. 1879 i MN, død 23. dec. 1970 i Willmar,
Kandiyohi Co., MN.
Hun blev gift med Frederick William Gabbert, født 27. jul. 1874 i MN,
død 21. okt. 1961 i Willmar, Kandiyohi Co., MN. 3 børn.

19.   Charles Nielsen, født 20./30. jun. 1879 i MN, død 3. mar. 1964 i Willmar,
Kandiyohi Co., MN.
Han blev gift med Lena R., født 1894 i IL. 2 børn.

20.   Emil Peter Nielsen, født 1. okt. 1881 i MN, død 7. mar. 1969 i Willmar,
Kandiyohi Co., MN.
Han blev gift med Clara, født 1896 i MN. 1 barn.

21.   Sigfred Walter Nielsen, født 20. jan. 1886 i Whitefield, Kandiyohi Co.,
Minnesota, død 16. feb. 1962 i Willmar, Kandiyohi Co., MN.
Han blev gift med Annie K. Johnson. 1 barn.

Kilder og litteratur

Trykte kilder og litteratur

Bagger, Aage 2004: *Lokalhistoriske vandringer i Jystrup.* Lokalhistorisk Forening for Jystrup og Valsølille.

Hvidt, Kristian 1971: *Flugten til Amerika. Drivkræfter i masseudvandringen fra Danmark 1868-1914*. Universitetsforlaget i Aarhus.

Pedersen, Erik Helmer 1985: *Drømmen om Amerika*. Politikens Forlag.

Viscor, Pia 2007A: *De drog til Racine*. Books on Demand.

Viscor, Pia 2007B: *Jeg rejser til Amerika*. Books on Demand.

Utrykte kilder

Anders Haagen Andersens rejsebeskrivelse 1884.

Brev fra Nella til Doug Jydstrup 1992.

Carl Johan Jensens erindringer 1952.

Cecilia Jydstrups erindringer.

Maren Sørensen født Christensens erindringer.

Minnie Jydstrups erindringer 1980.

Skjoldenæsholm Gods arkiv, Landsarkivet for Sjælland.

Websider

ancestry.com

census.gov

ddd.dda.dk

familysearch.org

freeusandworldmaps.com

glorecords.blm.gov

hkpn.gst.dk

legallandconverter.com

loc.gov

newspapers.som

sa.dk

wikipedia.org

Noter

1   Kilde: Bagger 2004.

2   Treårskrigen inddeles i den 1. Slesvigske Krig, som foregik i 1848-1850 og den 2. Slesvigske Krig, som foregik i 1864. Danmark tabte krigen i 1864 og måtte afstå hele det sønderjyske område til Tyskland.

3   Kilde: Viscor 2007A og B.

4   Christen Stephensen var søn af Niels Stephensen og Jacobine Nielsen. Han blev født 17. dec. 1852 i Haraldsted.

5   Frederik Ludvig Hansen var søn af Hans Sørensen og Ane Marie Andersen. Han blev født 13. okt. 1853 i Valsølille.

6   Lars Mogensen var søn af Mogens Hansen og Maren Christensen. Han blev født 9. september 1855 Ugerløse og udvandrede fra Haraldsted.

7   I 1873 var der i alt udvandret 124 personer med tilknytning til Skjoldenæsholm. Af disse havde 20 emigranter Racine som destination hjemmefra, men detaljerede undersøgelser viser, at i alt 45 tidligere beboere på Skjoldenæsholm opholdt sig i Racine i 1870'erne.

8   Niels Peder Christiansen var søn af Christian Nielsen og Ane Cathrine Andersdatter. Han blev født 13. sep. 1836 i Allindemagle. Hans fire sønner var: Peter Christian Nielsen, født i februar 1862 i Allindemagle, Søren Christiansen, født i oktober 1863 i Thostrup, Jens Christiansen, født 5. jul. 1865 i Allindemagle og Anders Christiansen, født 17, okt. 1869 i Allindemagle.

9   Else Kristine Pedersen var datter af Peder Andersen og Maren Sørensen. Hun blev født 27. sep. 1837 i Haraldsted og døde 24. mar. 1874 i Allindemagle.

10   Niels Peter Jacobsen var søn af Jacob Nielsen og Kirsten Nielsen. Han blev født 18. feb. 1859 i Allindelille, Haraldsted sogn.

11   Niels Andersen blev født 29. sep. 1841 i Osted, Københavns Amt.

12   Ane Kirstine Haagensen var datter af Haagen Johansen og Ane Hansen. Hun blev født 17. dec. 1840 i Særløse, Københavns Amt.

13   Deres to børn var Anders Haagen Andersen, født 2. sep. 1871 i Ny Jystrup og Ane Marie Andersen, født 5.apr. 1882 i Ny Jystrup.

14   Ane Kirstine Jacobsen var datter af Jacob Nielsen og Margrethe Johansdatter. Hun blev født 12. maj 1846 i Allindelille, Haraldsted sogn.

15   Ludvig Jensen var søn af Jens Frederiksen og Birthe Sophie Hansen. Han blev født 9. maj 1846 i Valsølille.

16   Ane Margrethe Jensen var datter af Jens Nielsen og Birthe Marie Pedersen. Hun blev født 1. maj 1865 i Haraldsted.

17	Maren Christensen var datter af Christen Larsen og Karen Kirstine Hansdatter. Hun blev født 19. okt. 1862 i Haraldsted.
18	Elias Sørensen var søn af Søren Eliasen og Christiane Margrethe Kirstine Olsdatter. Han blev født 17. jul. 1854 i Allindelille, Haraldsted sogn.
19	Se Afsnit 2.1.6.
20	Kilde: glorecords.blm.gov.
21	Det var helt almindeligt i de amerikanske folketællinger, at fraskilte folk kaldte sig enker eller enkemænd.
22	Jens Larsen opholdt sig på sin farm i hvert fald indtil 1895. Derefter vides det ikke, hvad der hændte ham. Ligeledes er hans datters skæbne ukendt.
23	Doris var datter af Arthur William Sarff og Niels Nielsens datter Kristine Sofie Nielsen[13].
24	Kilde: glorecords.blm.gov.
25	Kilde: glorecords.blm.gov.
26	Også kaldet nephritis eller nyrebetændelse.
27	Kilde: glorecords.blm.gov.
28	Frederik Larsen, født 1868 i Jystrup, var søn af Anders Larsen og Ane Sørensen, en fæstefamilie i Egemosen lidt udenfor Jystrup. Christian Juliua Nielsen og Frederik Larsen var jævnaldrende, og ifølge en avisartikel i anledning af Christians 80-års fødselsdag var de skolekammerater. I 1887 udvandrede Frederik Larsen sammen med ni andre emigranter fra Skjoldenæsholm Gods. De drog sammen over Atlanten på emigranteskibet Island med destinationerne New York, Franksville i WI og Milbank i Grant Co., SD. Fra folketællingen år 1900 fremgår det, at Frederik havde giftet sig med en norskfødt kvinde, og at han arbejdede som smed i Summit, Roberts Co., ikke langt fra hvor Christian boede. Ca. 1908 rejste Frederik med sin familie til Canada, hvor han bosatte sig først i Red Deer, Alberta og senere i Battle River, Alberta. Sidstnævnte sted befandt han sig i 1916, hvor også Christians familie boede. Det er derfor sandsynligt, at Christian blev inspireret til at flytte til Canada af sin gamle skolekammerat Frederik.
29	I Niels Nielsen Jydstrups nekrolog er alle hans børn nævnt med bopæl, så på den måde fik Nella at vide, at hun havde familie i Washington.

Andre bøger af Pia Viscor

BRANDSØ

Øens historie indtil år 1900.

Brandsø i Lillebælt er en af Danmarks 406 øer. Hver ø har selvsagt sin egen, ofte meget interessante historie, men ikke ret mange af de danske småøer kan gennem en totalhistorisk beretning bibringe med så mange hjørner af dansk natur-, kultur-, lokal- og nationalhistorie som Brandsø.

Gennem beretninger om lokale forhold, hændelser og episoder fortæller bogen om Brandsøs historie frem til år 1900. Øen beskrives tematisk og kronologisk indenfor hvert tema, hvorved øens historie stykkes sammen og fremstår som et hele.

Bogen er på 344 sider. Den er rigt illustreret med kort og farvefotos. Udgivet 2017. ISBN 978-8-7718-8720-4

De drog til Racine

Den danske udvandring til Racine County, Wisconsin, USA

– et detailstudie af pull-effekten som den udfoldede sig i 1800-tallet.

Bogen fortæller historien om, hvordan indvandringen fra Danmark til Racine, WI forløb indtil år 1900, og den giver forklaringen på, hvorfor så mange danske emigranter med tiden fandt vej til Racine, at byen og dens omegn i 1920 kunne bryste sig med prædikatet *det mest danske område udenfor Danmark.*

De tidligste danske indvandere til Racine trak familie, venner og ånsfæller over Atlanten, og den første danske baptistkirke, som blev grundlagt i Racine, fik vidtrækkende konsekvenser bl.a. for udvandringen fra Skjoldenæsholm Gods.

Bogen er på 72 sider. Den er rigt illustreret med s/h billeder. Udgivet 2007. ISBN 978-87-7691-218-5

Jeg rejser til Amerika

En rejsedagbog og en samling udvandrerbreve

fra Racine, Wisconsin, USA.

Jens Christian Andersen forlod sin hjemby Skee på Midtsjælland i 1894. Han rejste til Amerika.

Gennem hans rejsedagbog og 24 breve føres læseren fra hans hjemby Skee på Midtsjælland til Racine i Wisconsin.

Med humor, akkuratesse og mange detaljer beretter han om Atlanterhavsfærden og om togrejsen fra Norfolk til Racine. Videre fortælles om livet i Racine blandt de mange danske immigranter.

Bogen er på 116 sider. Den er rigt illustreret med s/h billeder. Udgivet 2007. ISBN 978-87-7691-217-8

Bøgerne kan købes i boghandlere og netboghandlere eller ved henvendelse til forfatteren på viscorpia@gmail.com.